Depois de 3 anos morando em São Paulo (e chegando um pouco antes da pandemia do Covid), essa foi a minha primeira experiência com o carnaval de rua de São Paulo, mais especificamente pelo bairro de Pinheiros, onde moro.

Espero que você curta as fotos tanto quanto eu as curti.

Um grande abraço,
Alexandre
Fevereiro/2023

"Fotografia de rua é a arte de documentar a simplicidade da vida diária e capturar autênticas expressões"

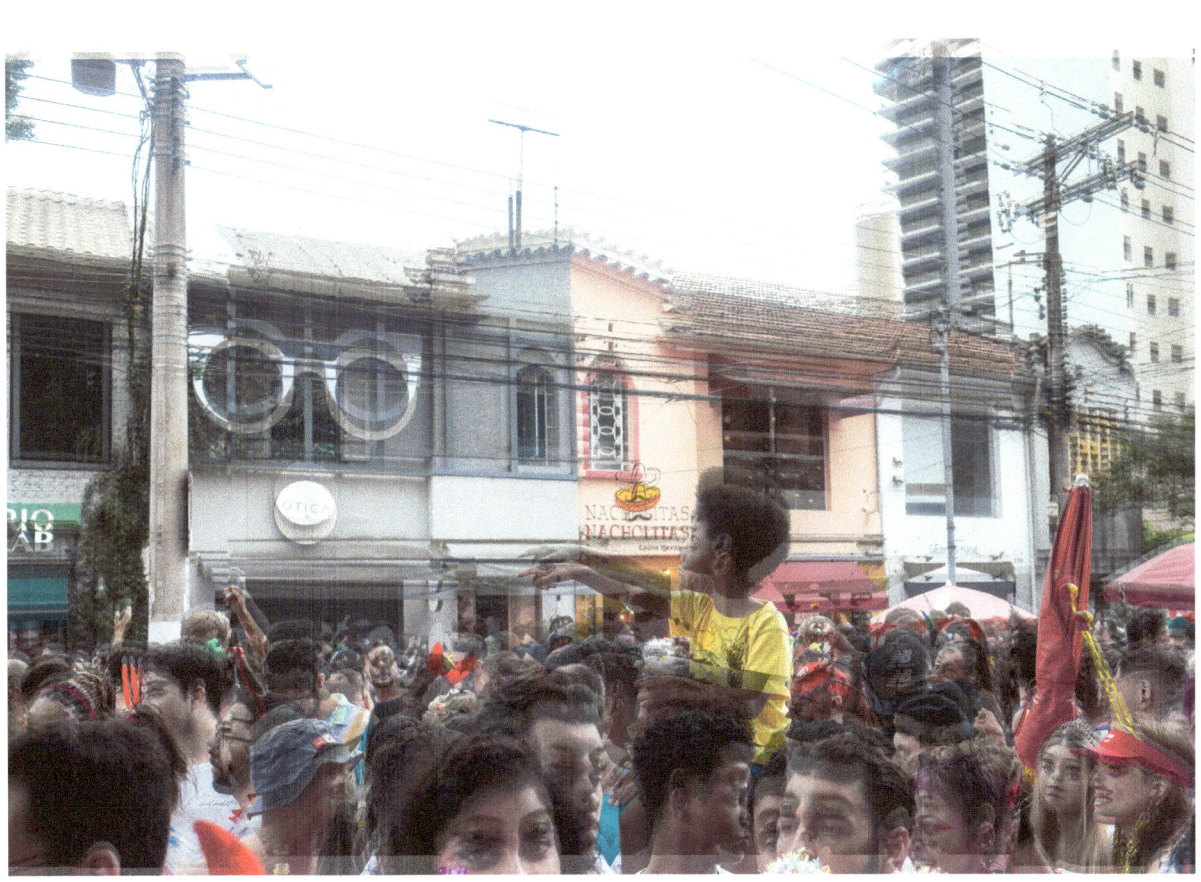

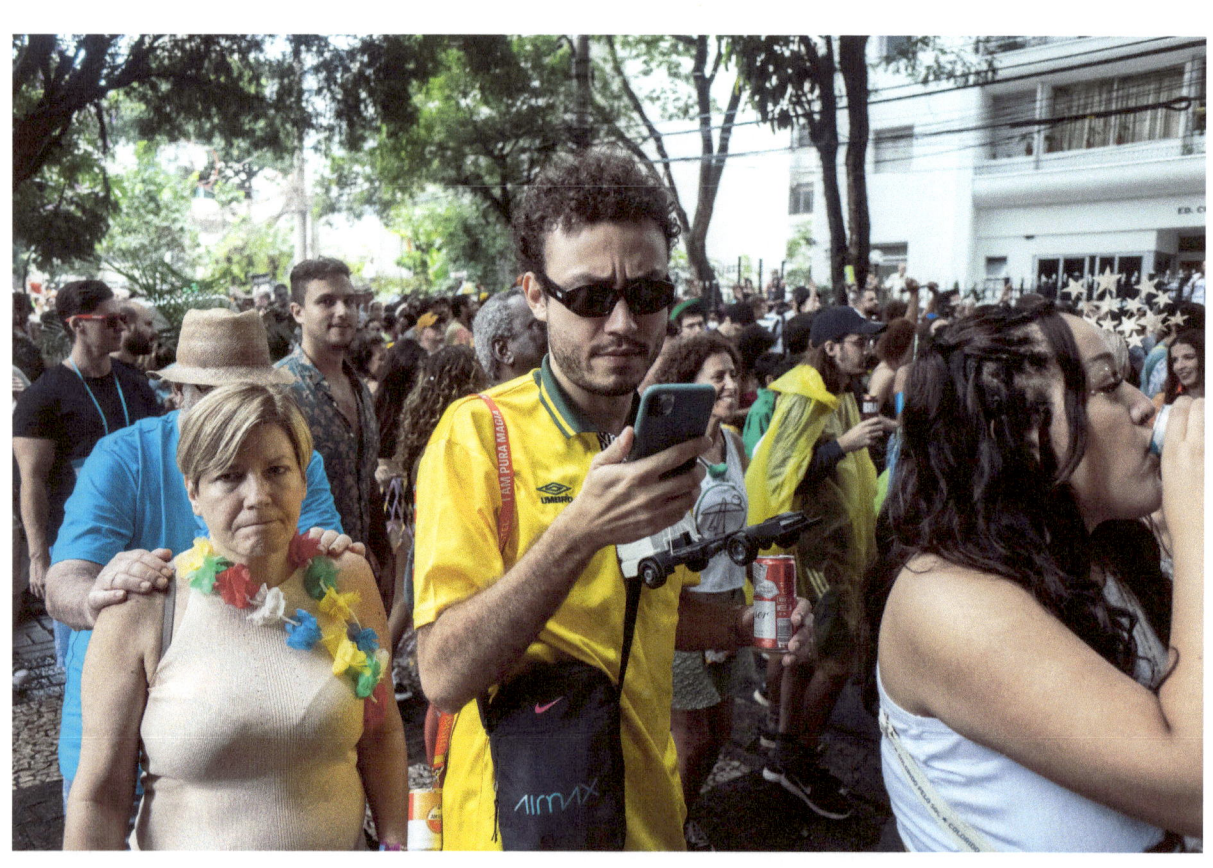

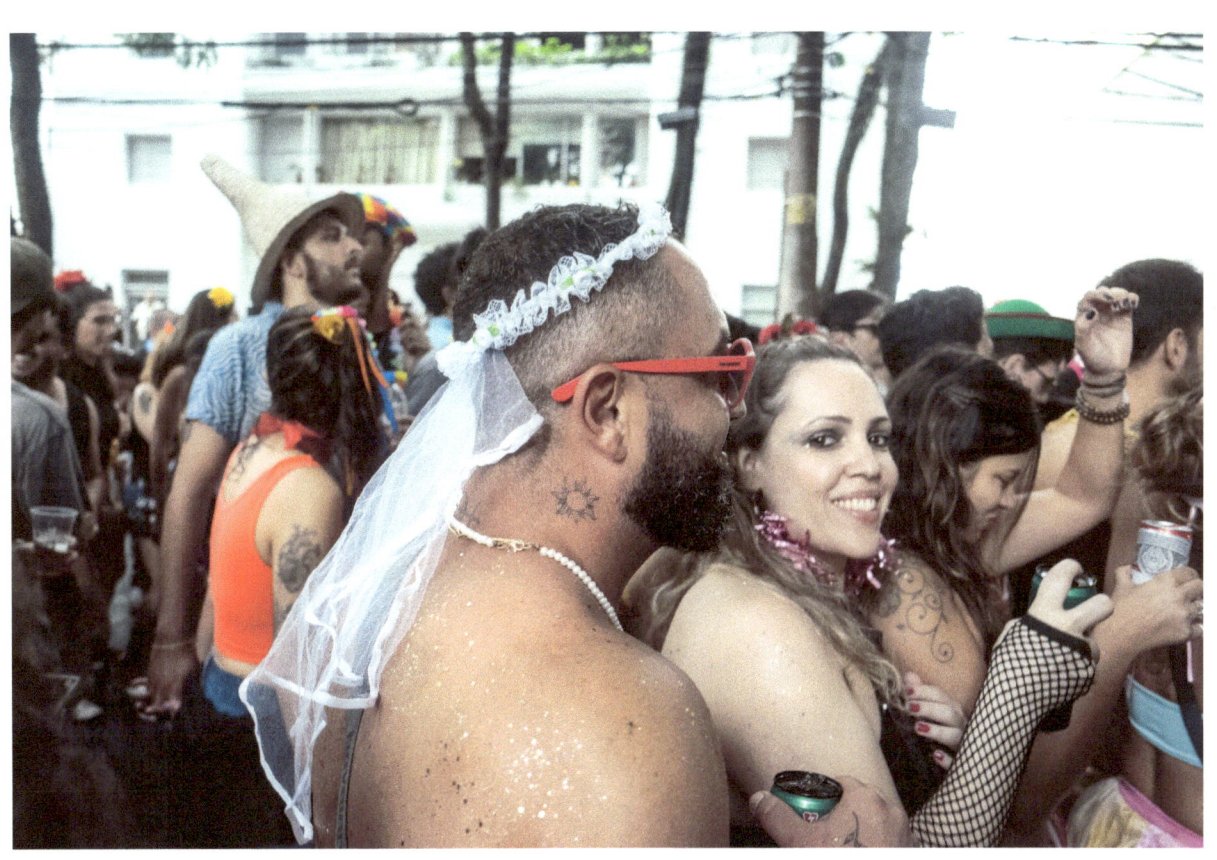

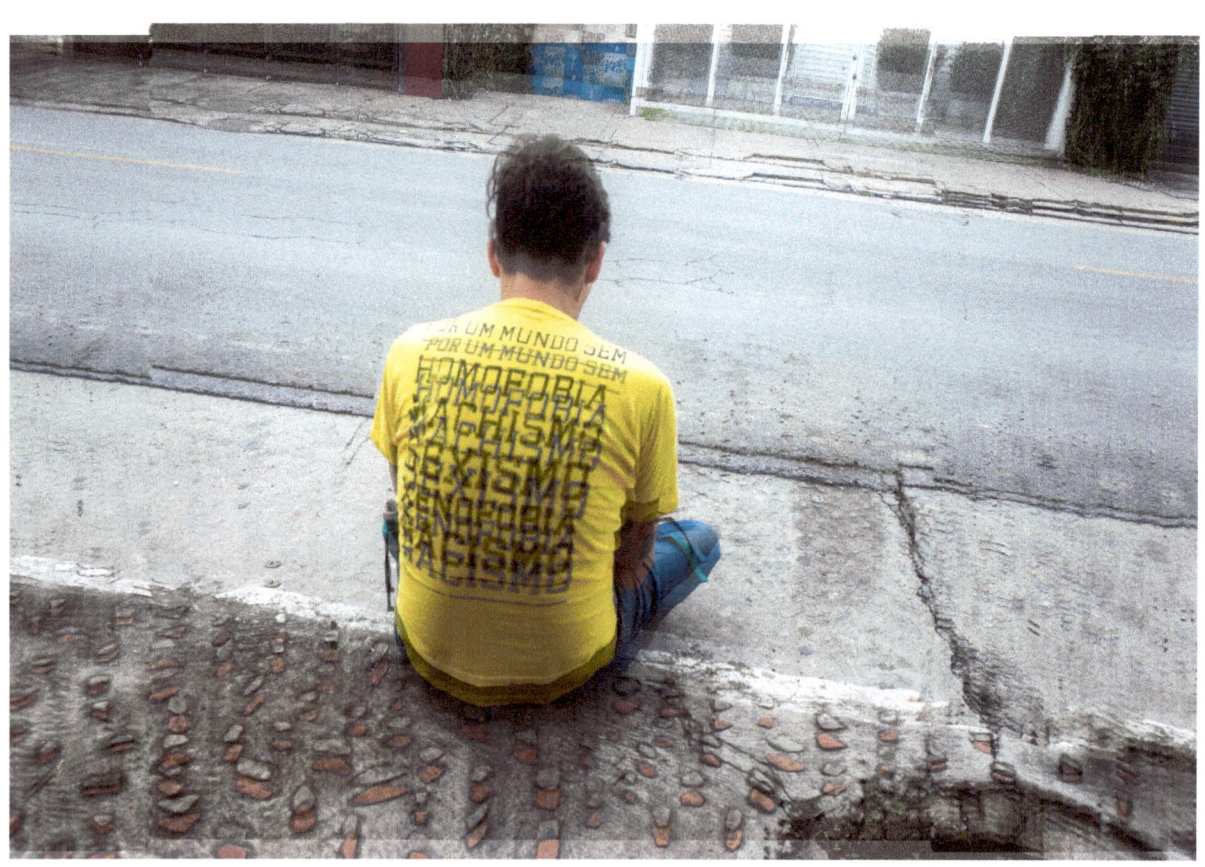

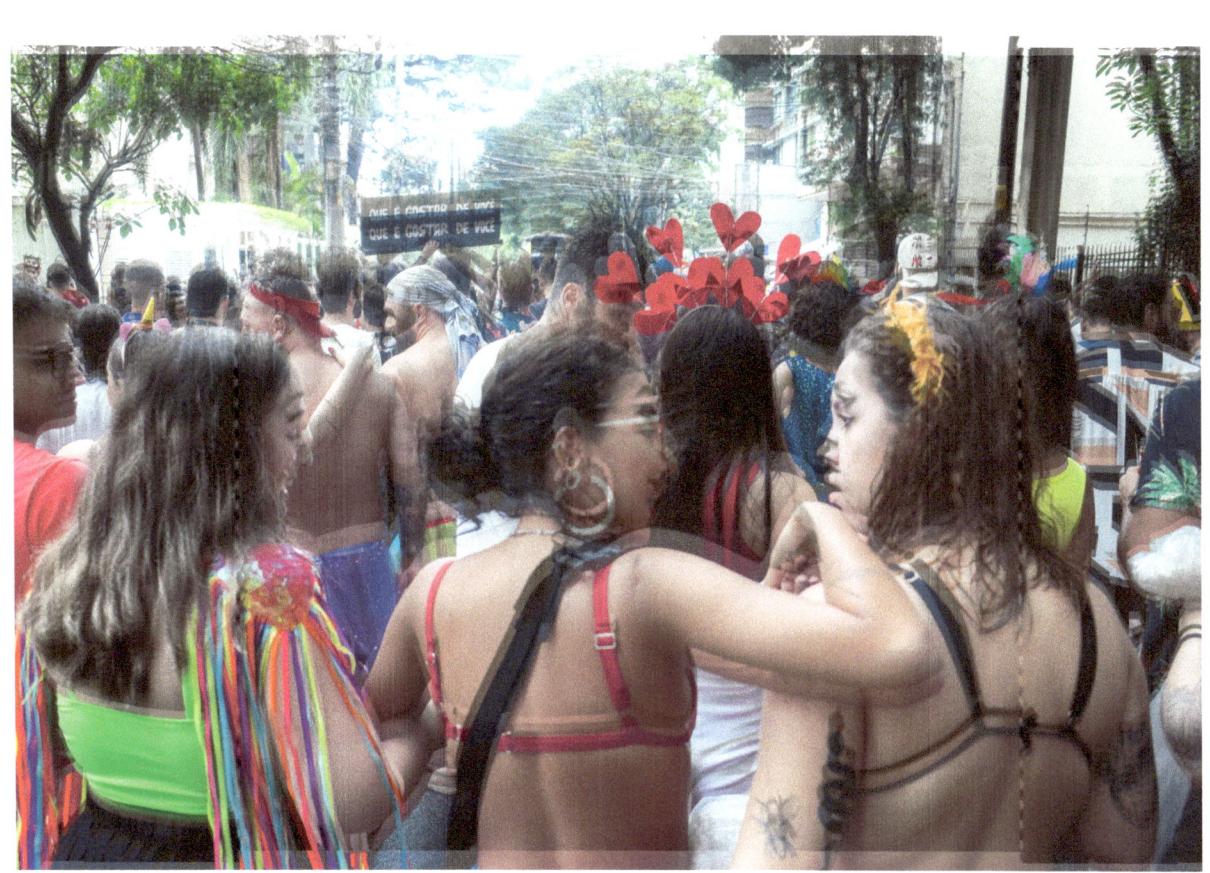

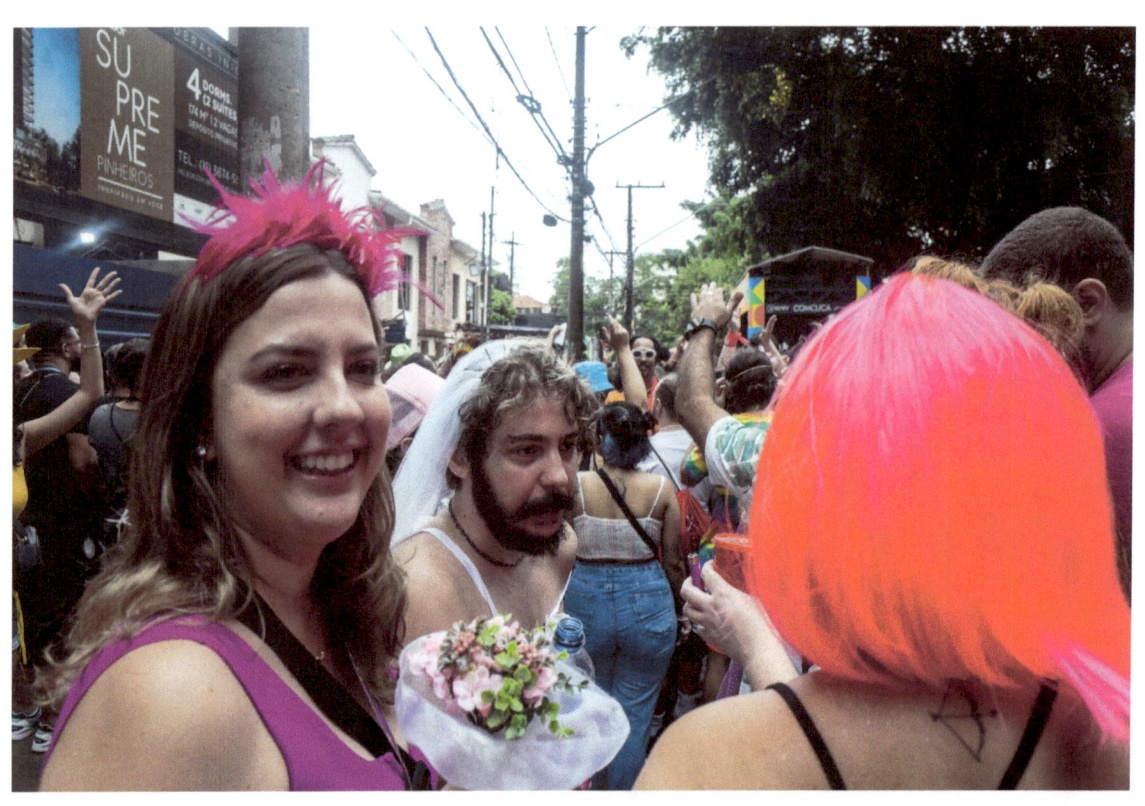
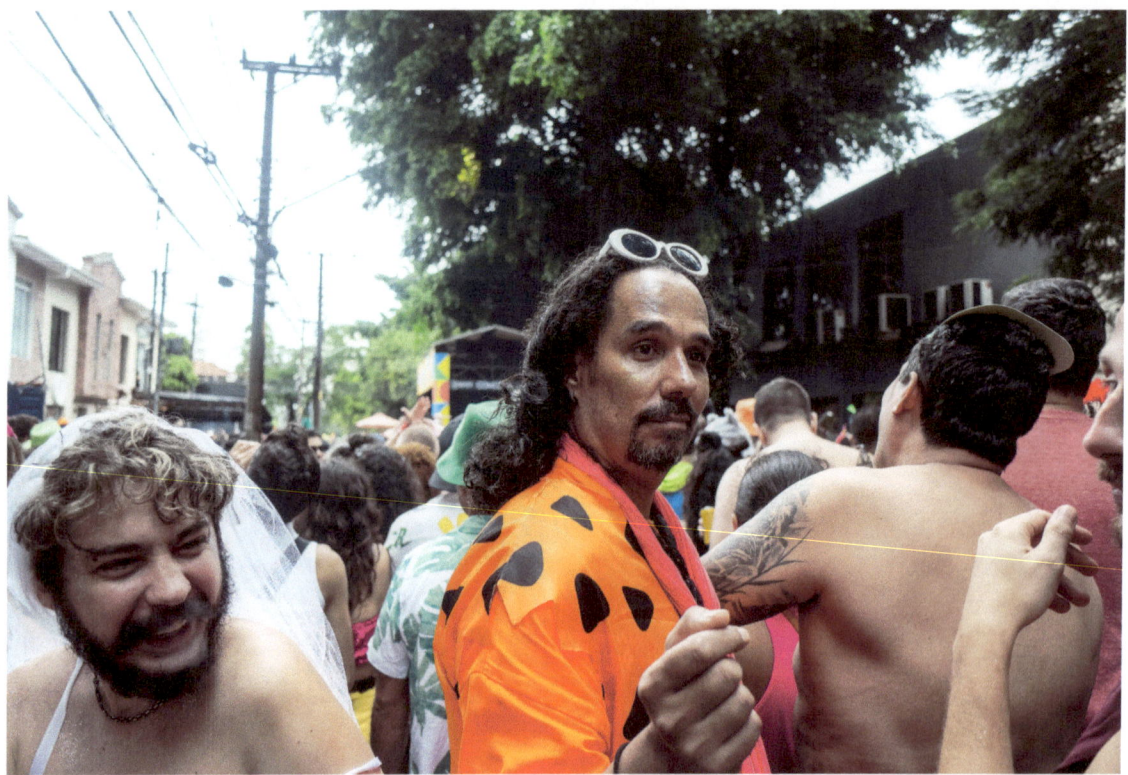

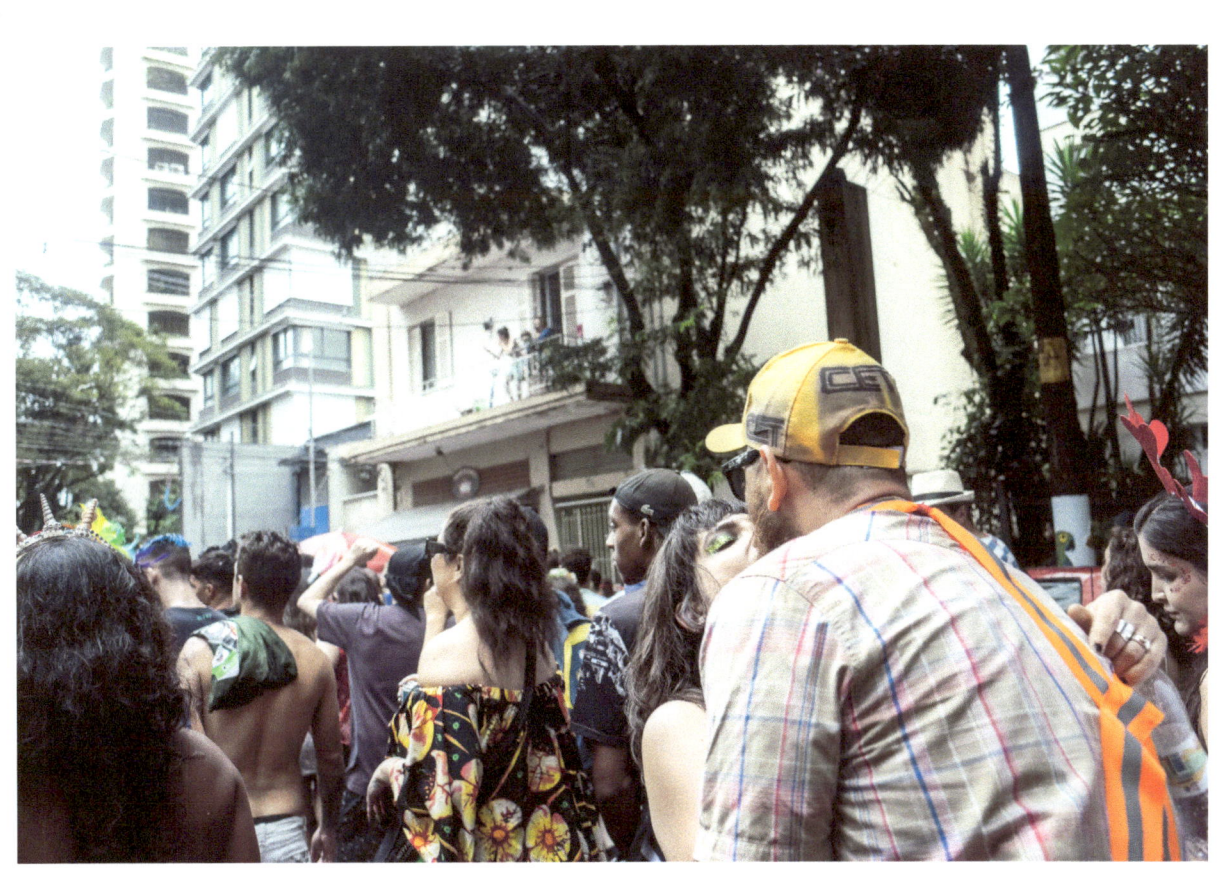

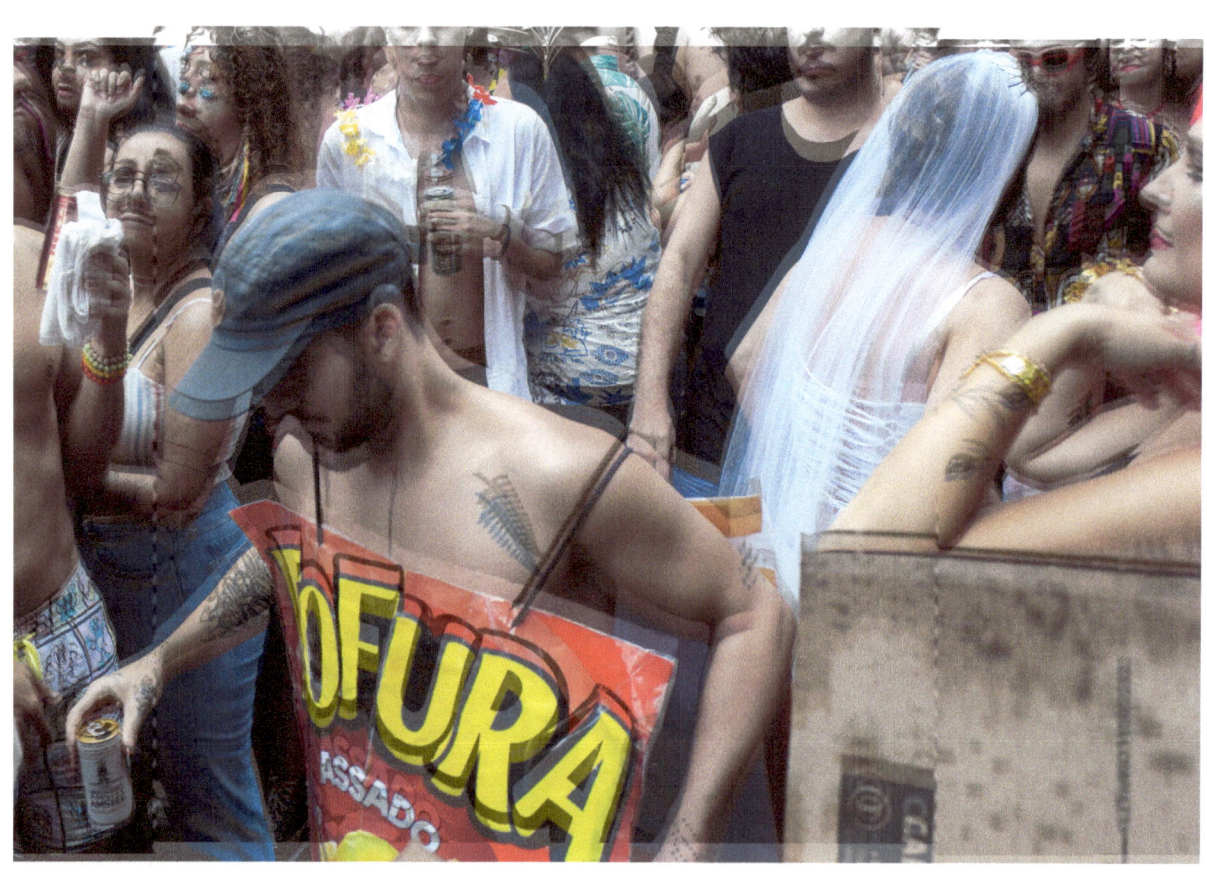

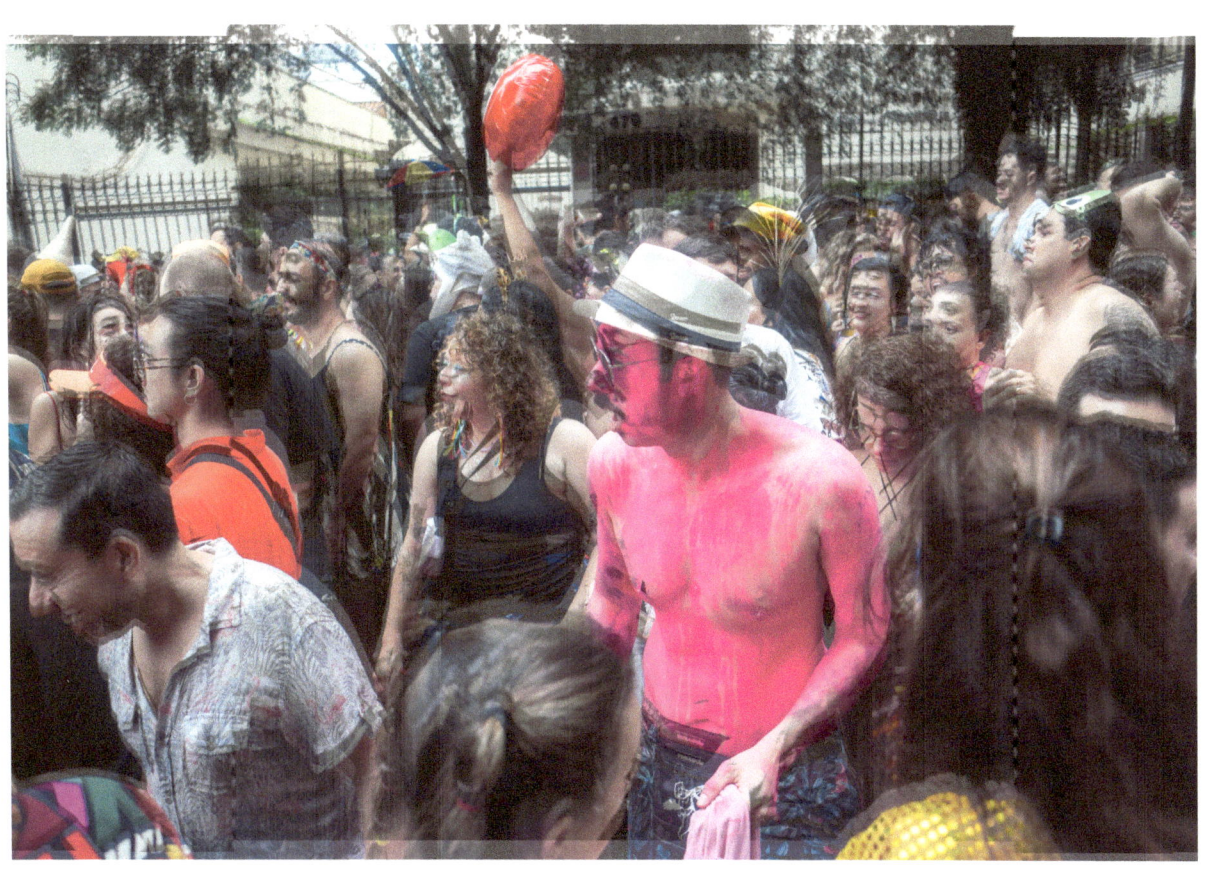

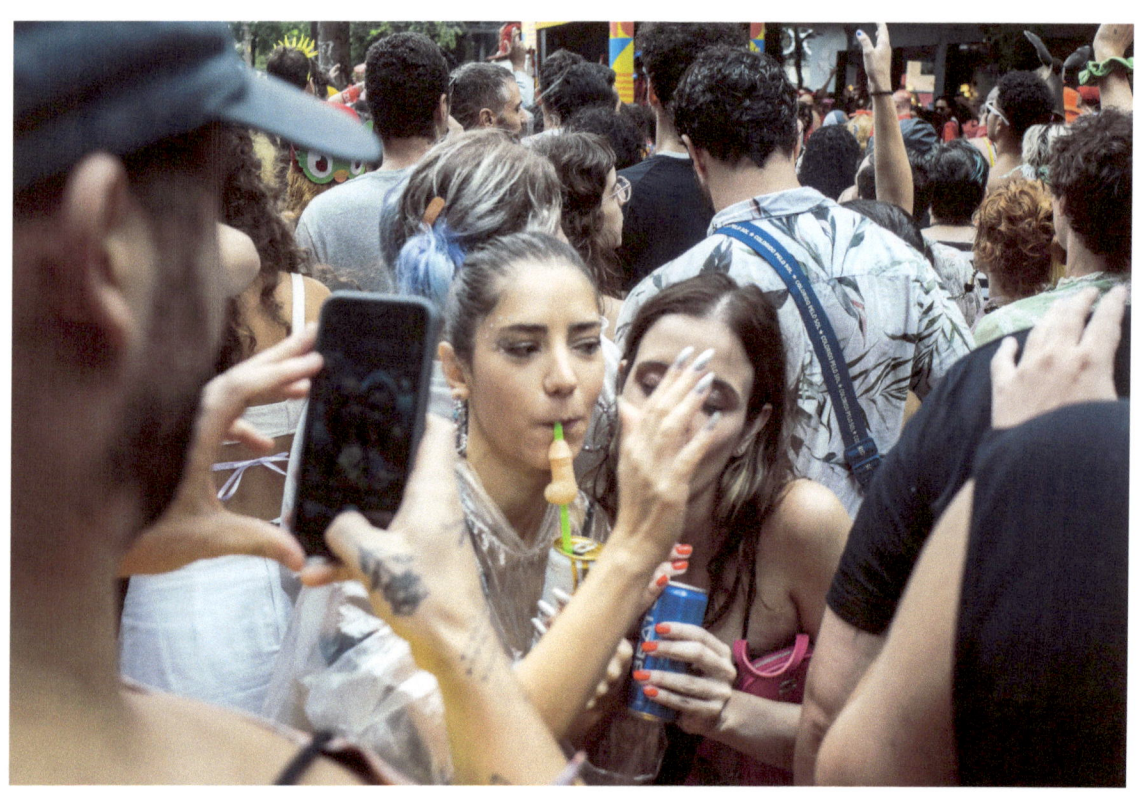

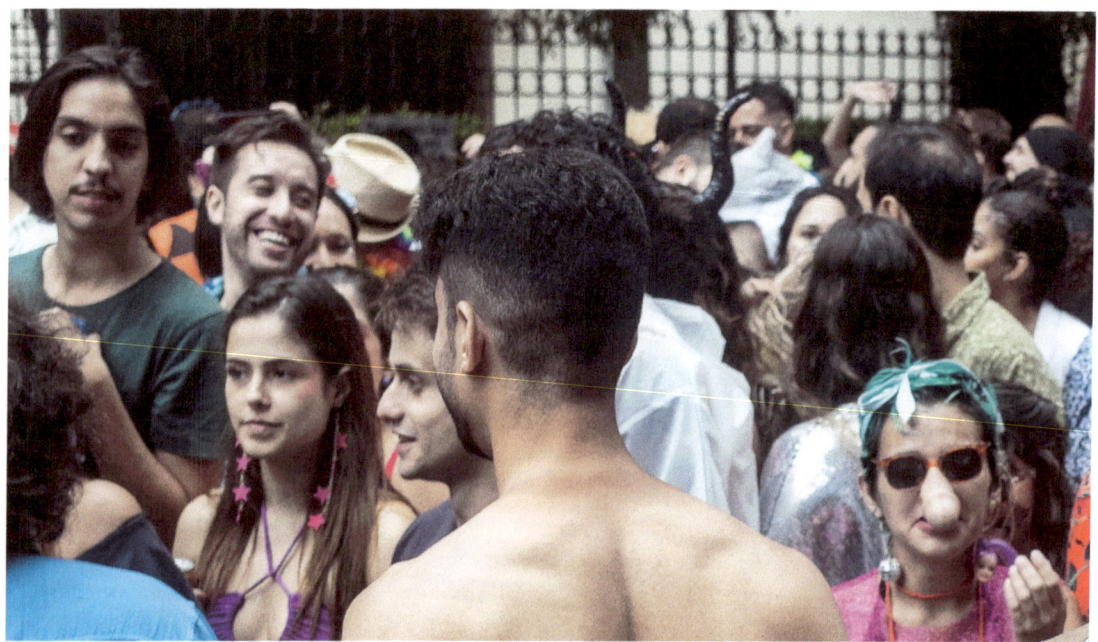

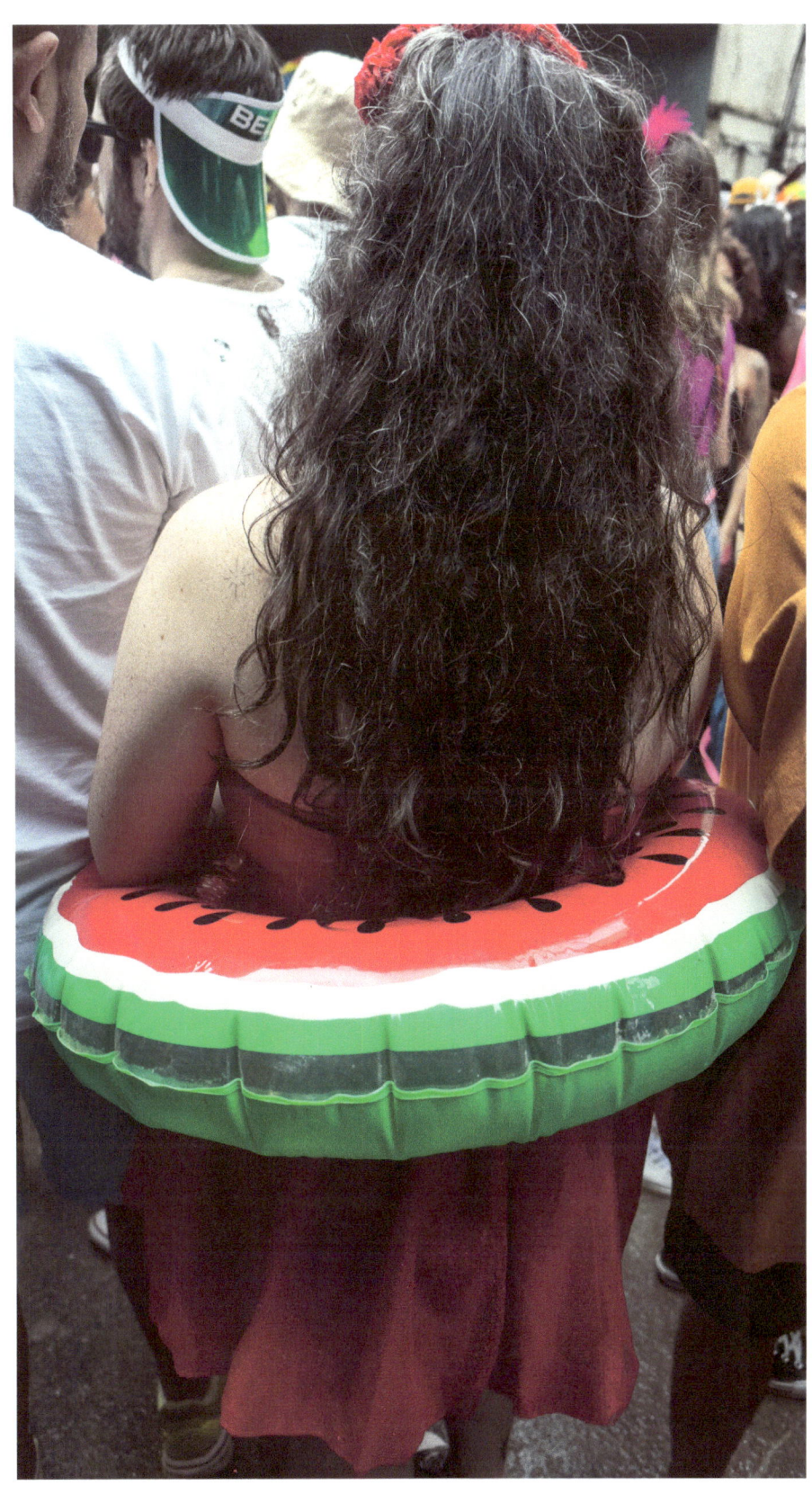

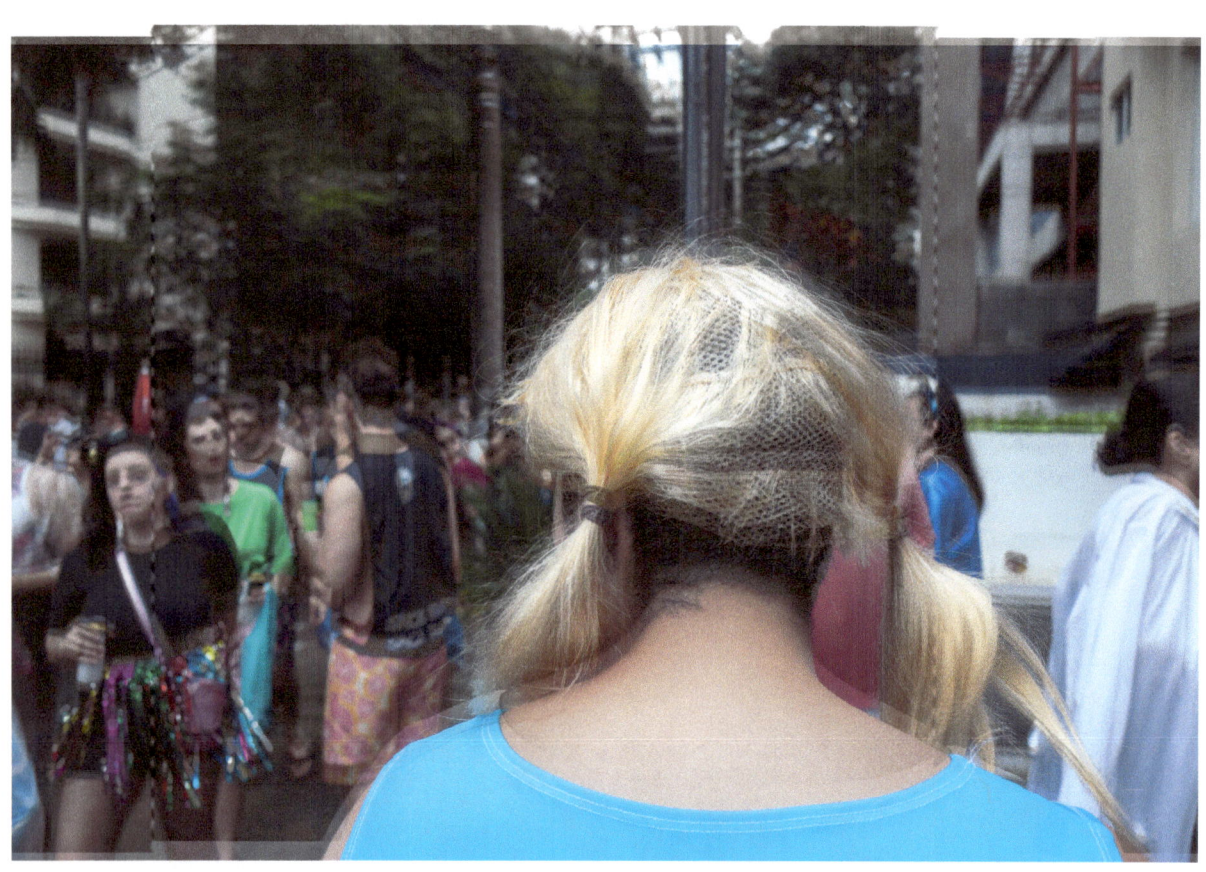

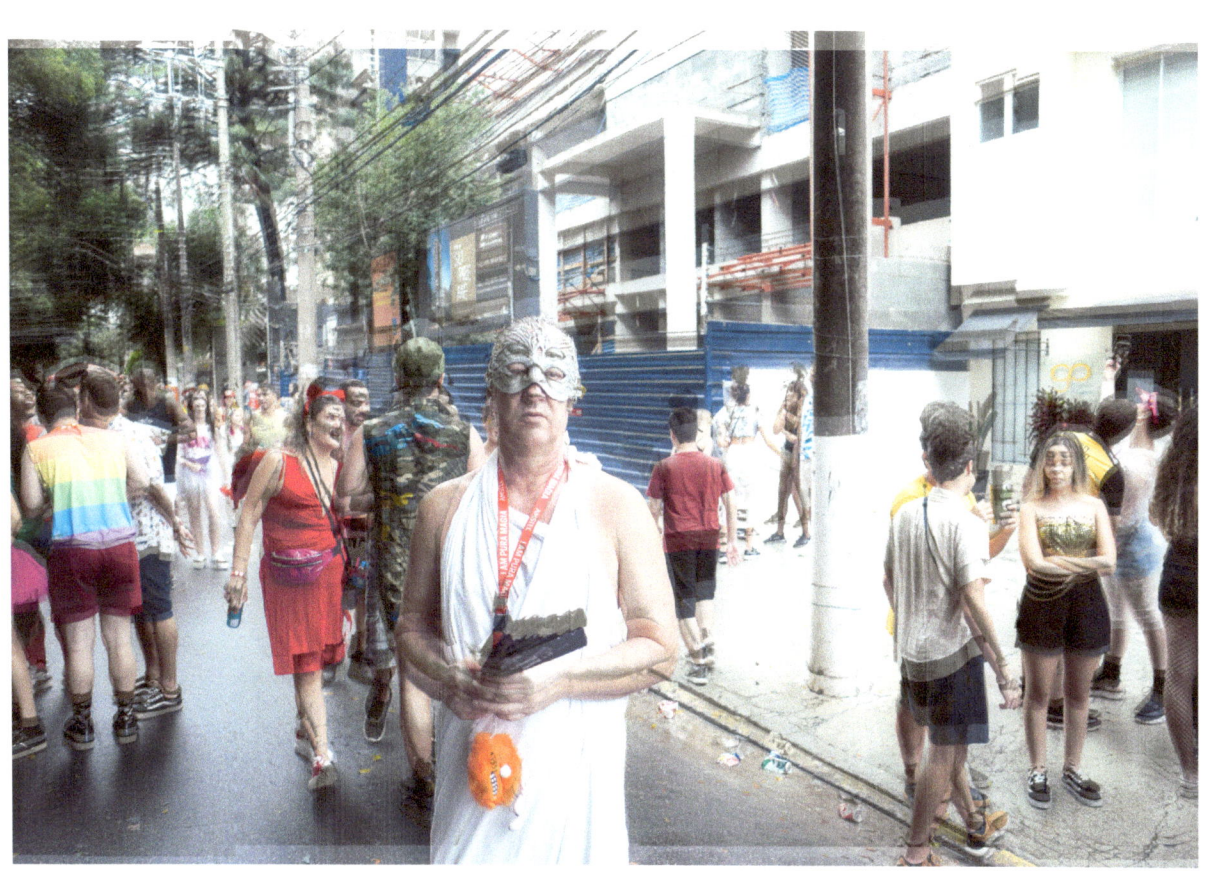

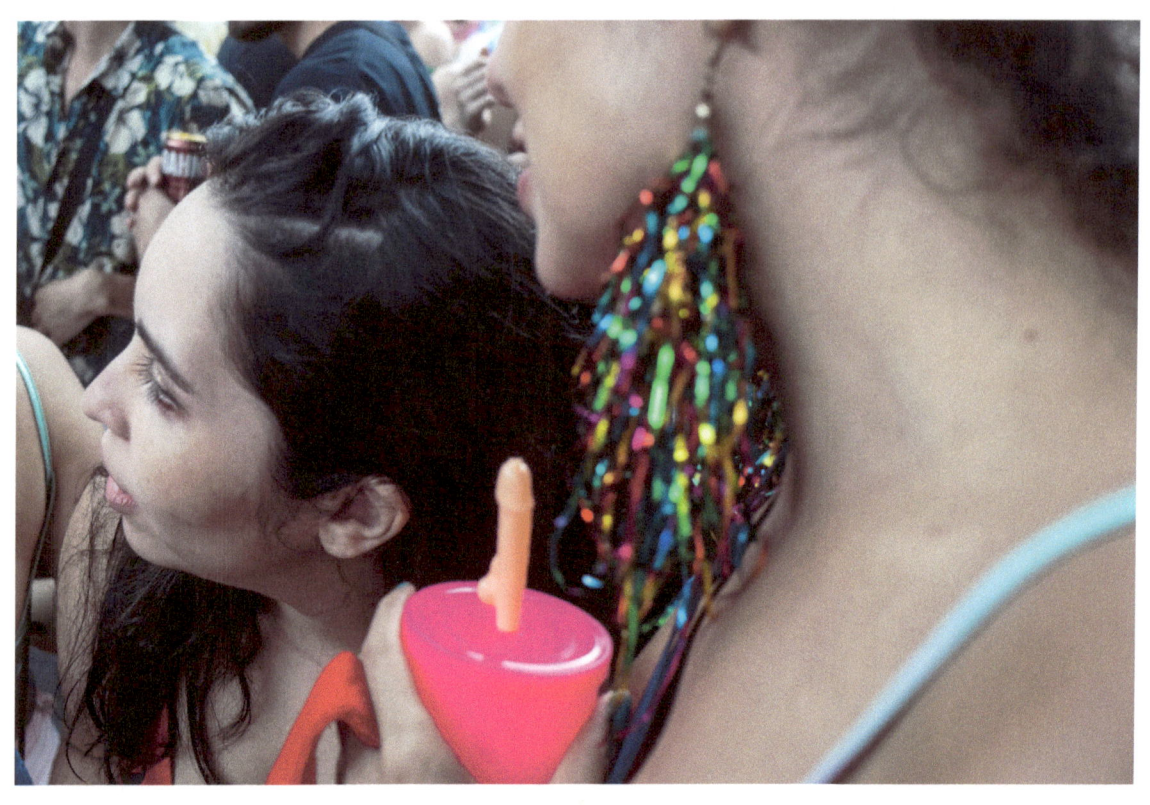

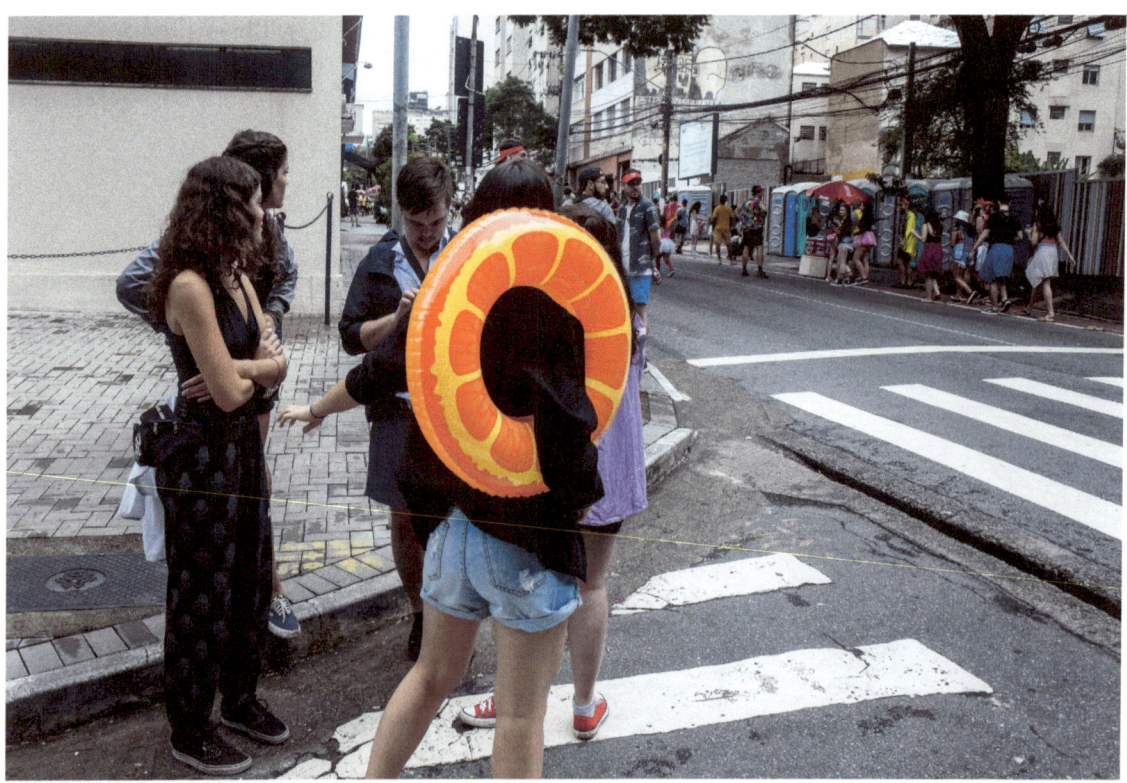

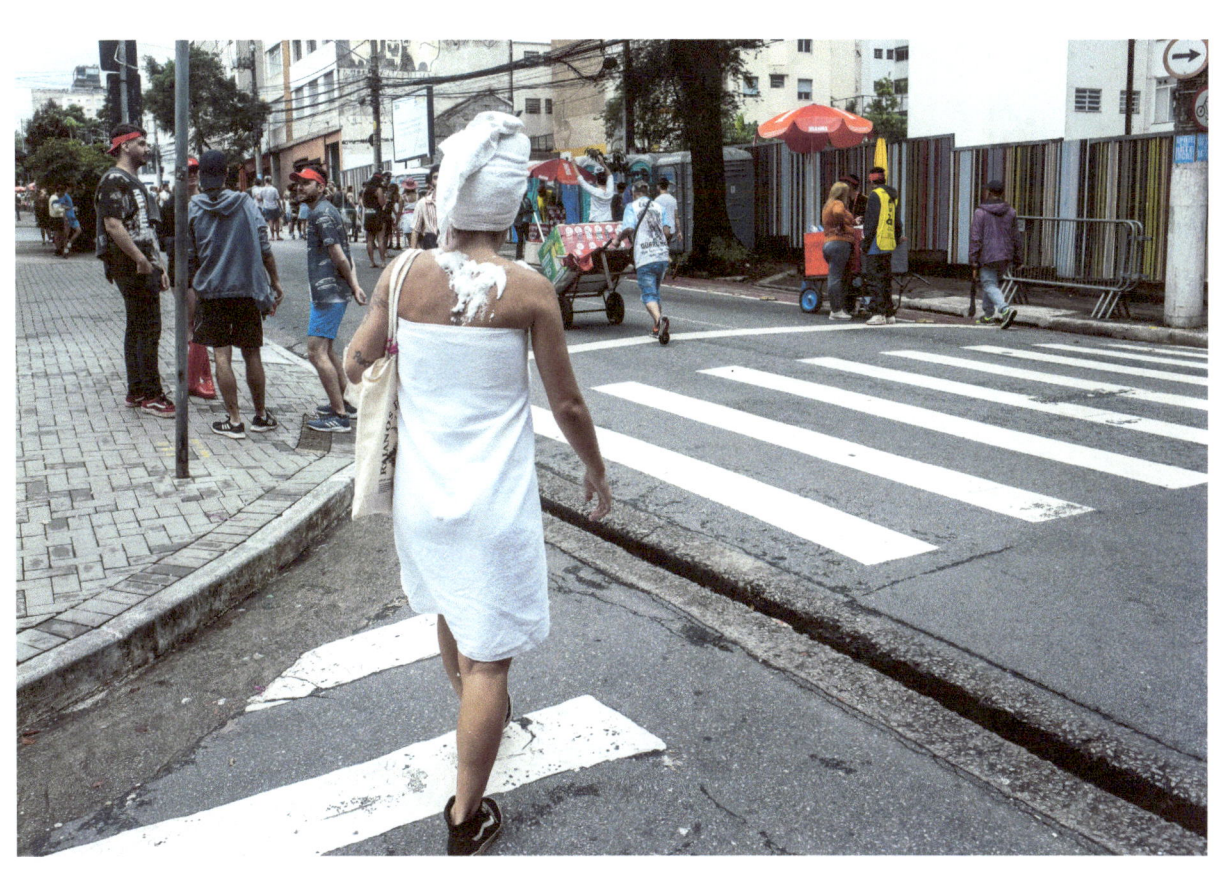

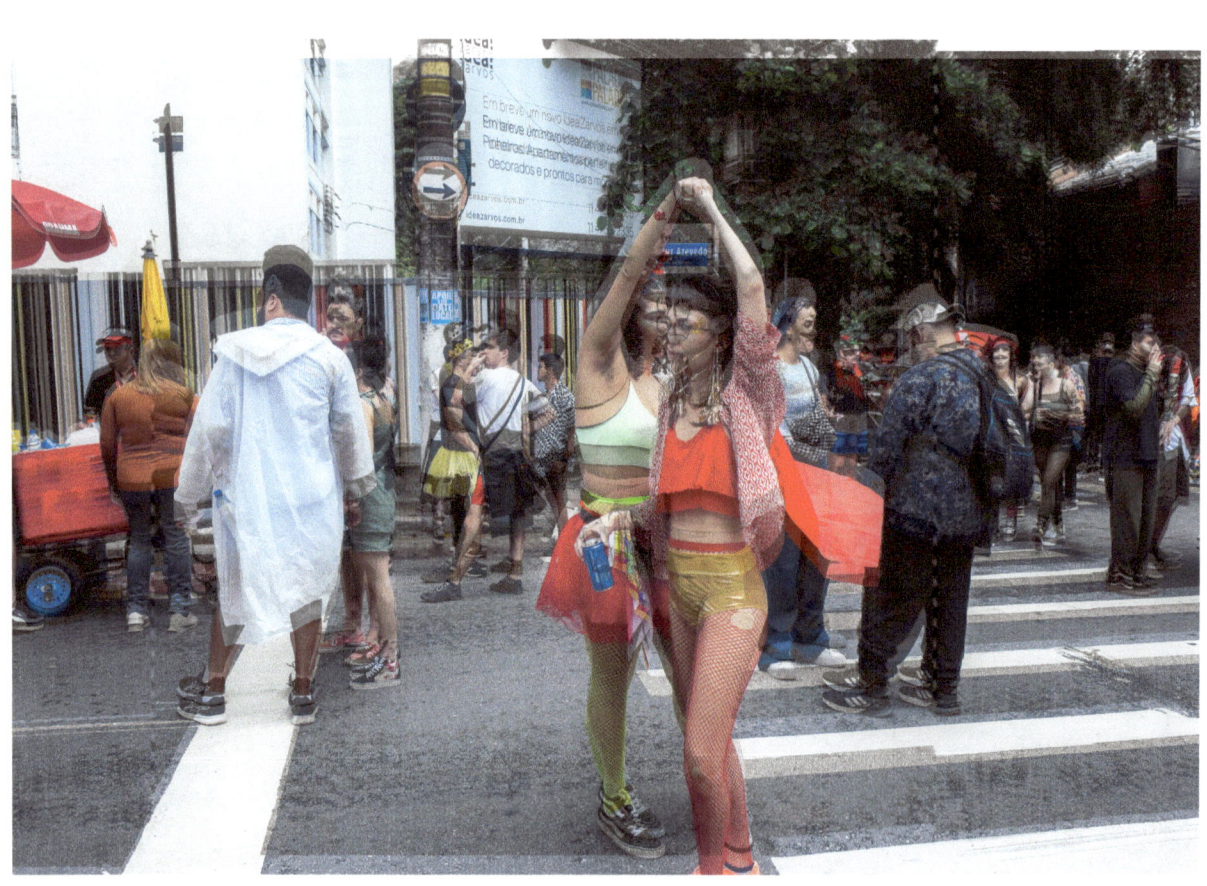

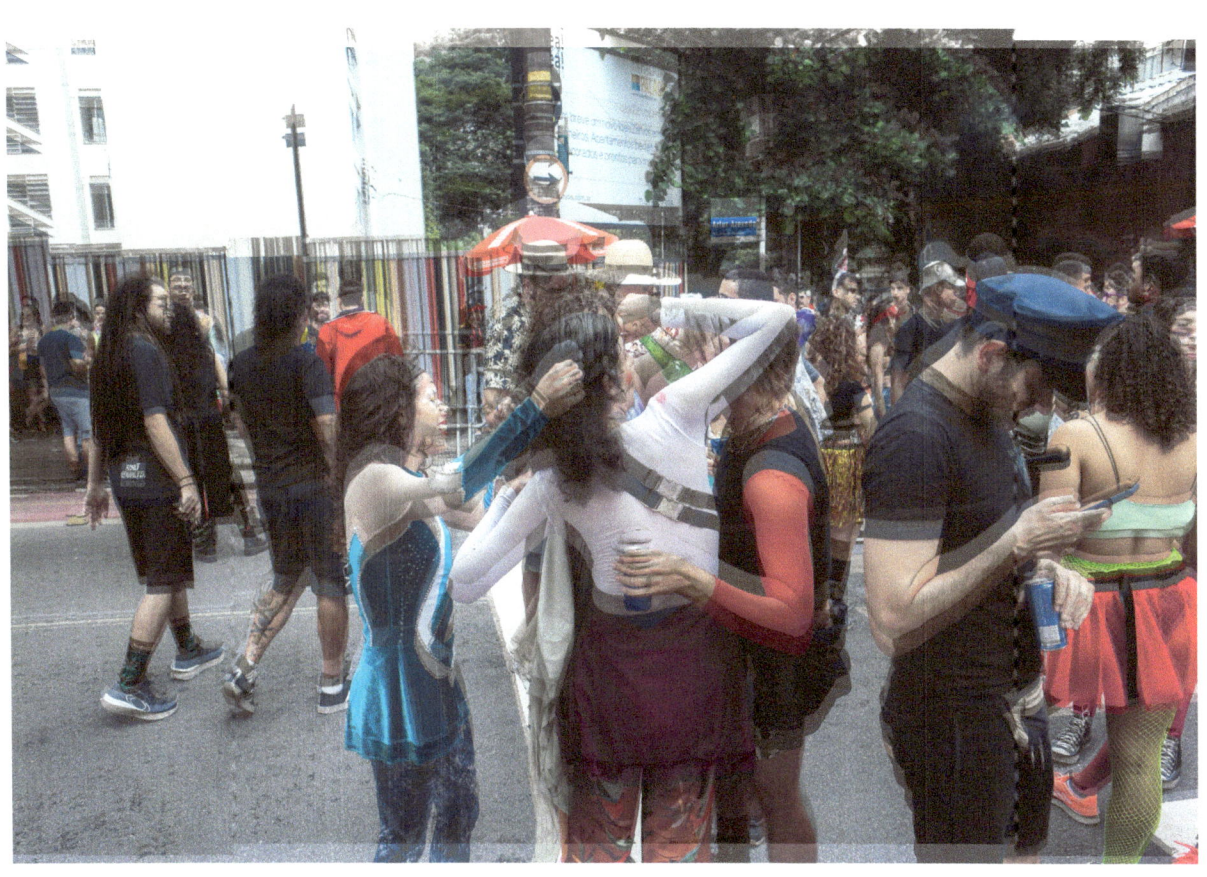

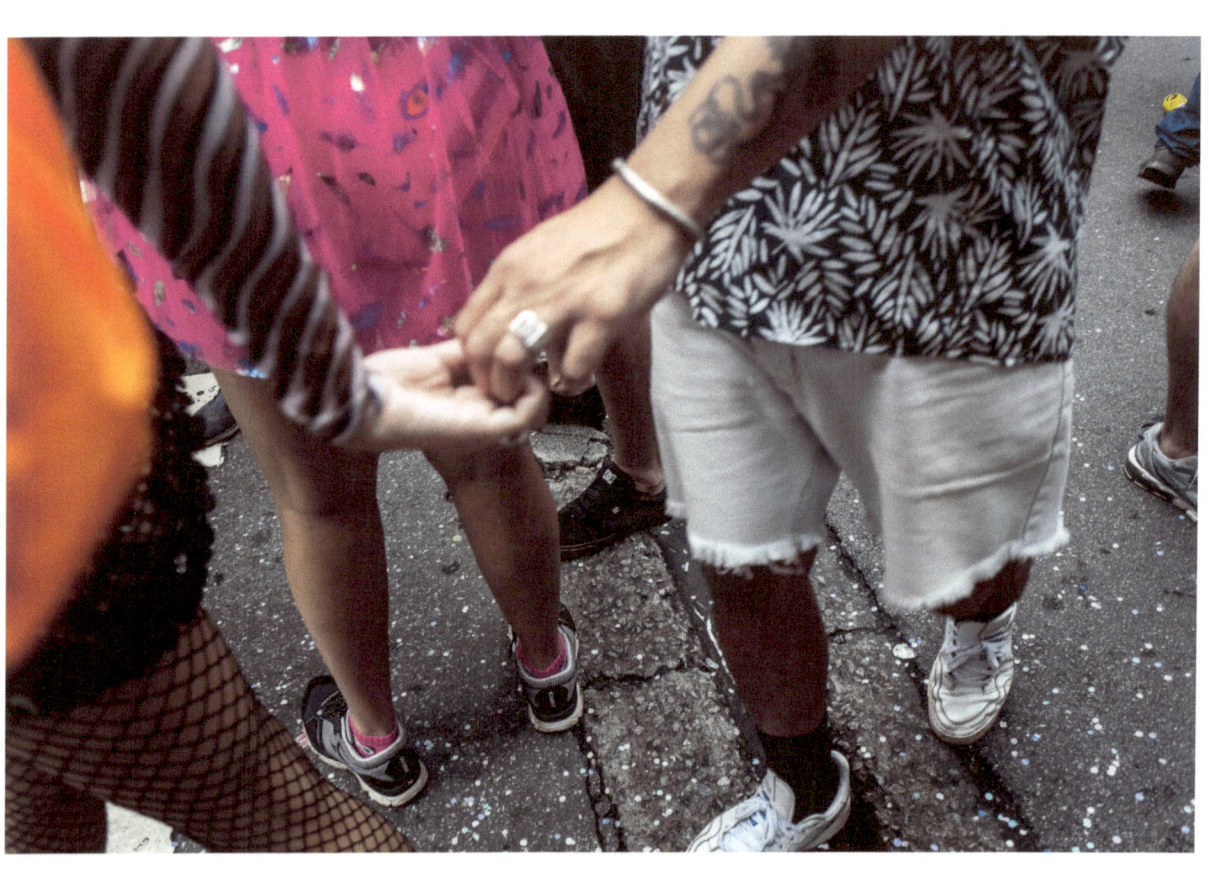

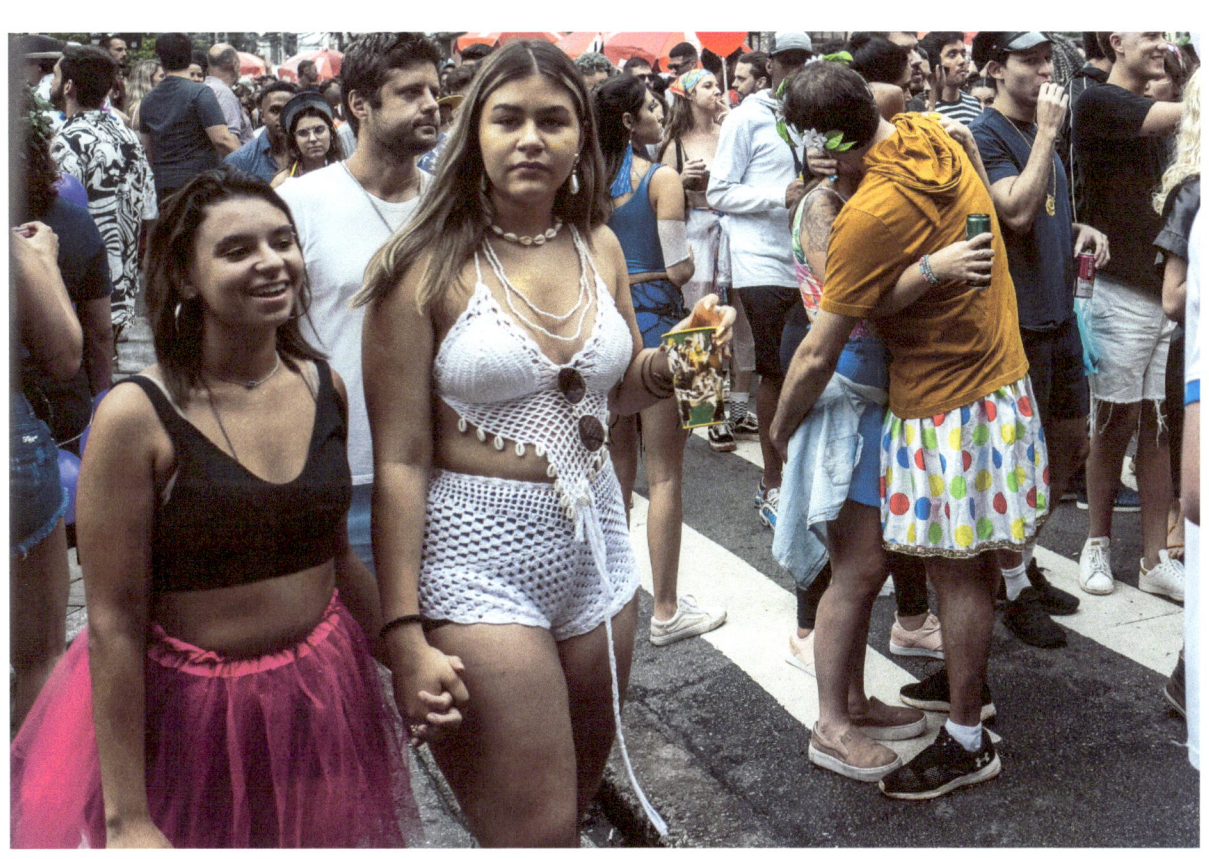

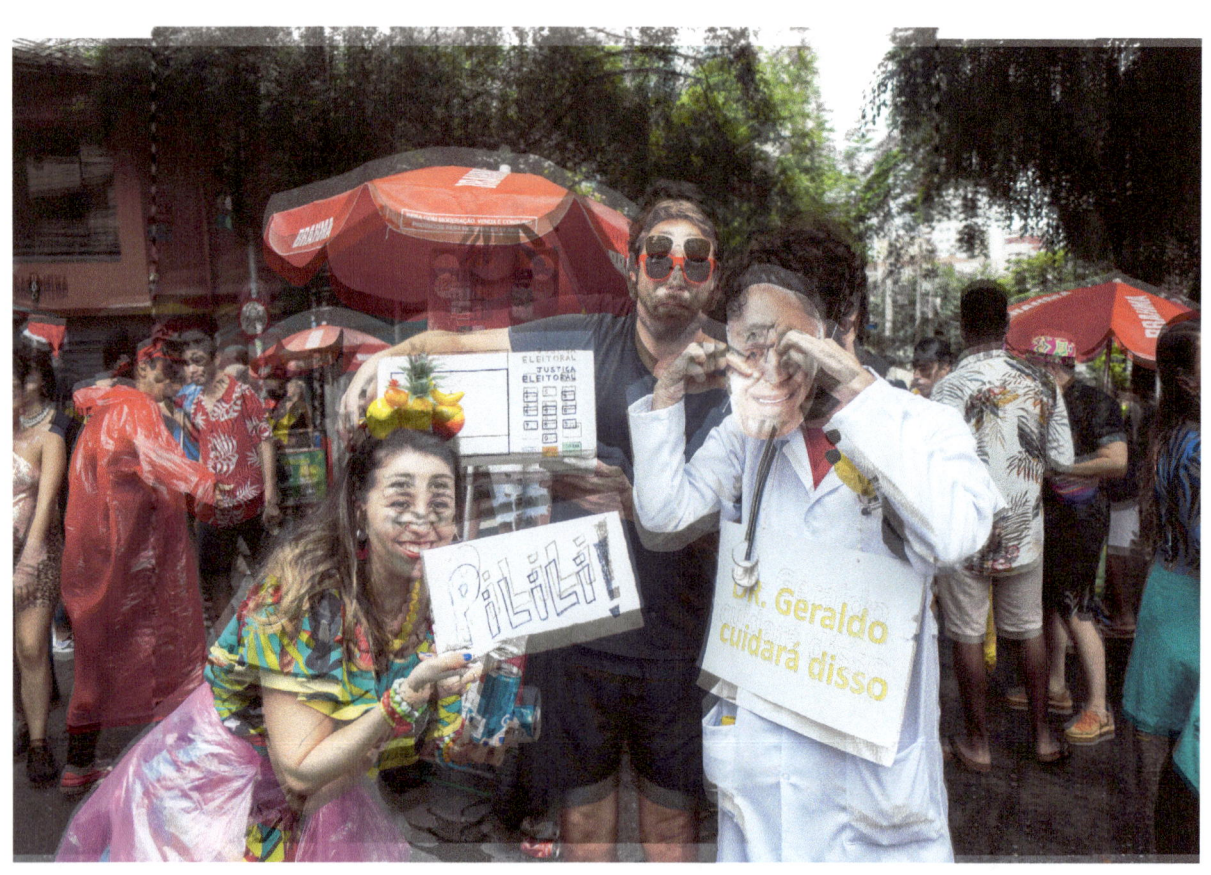

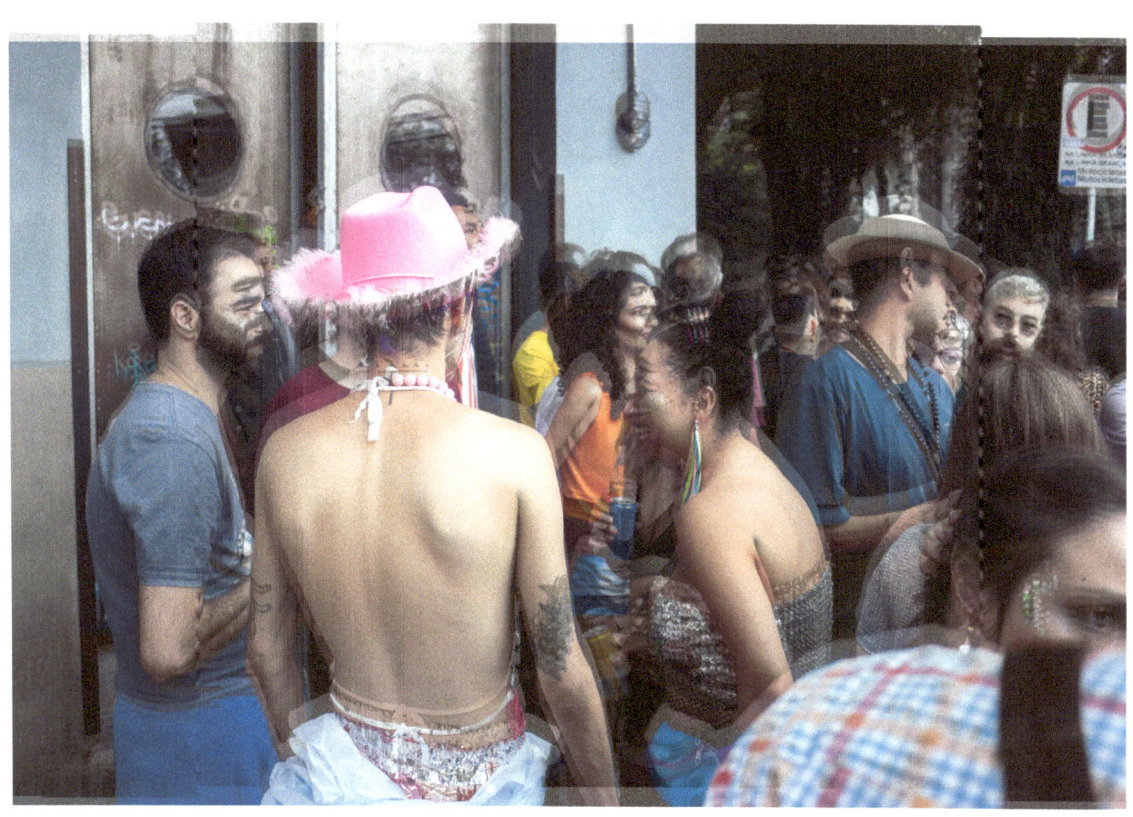
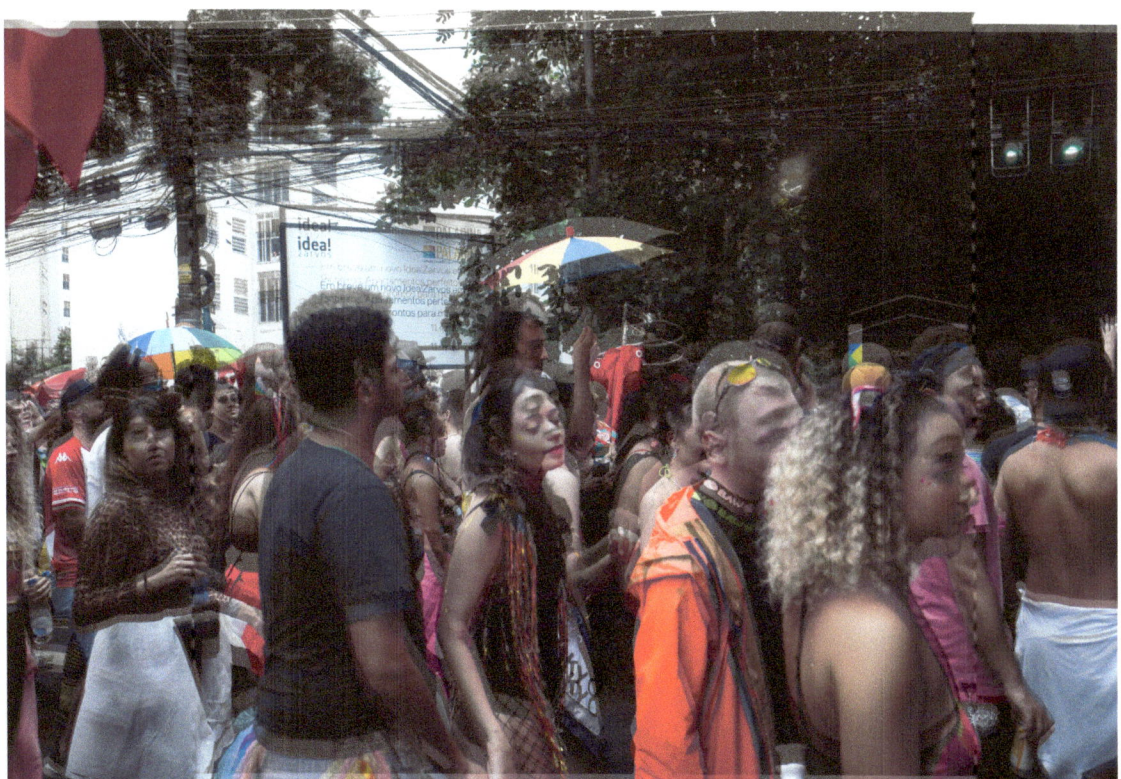

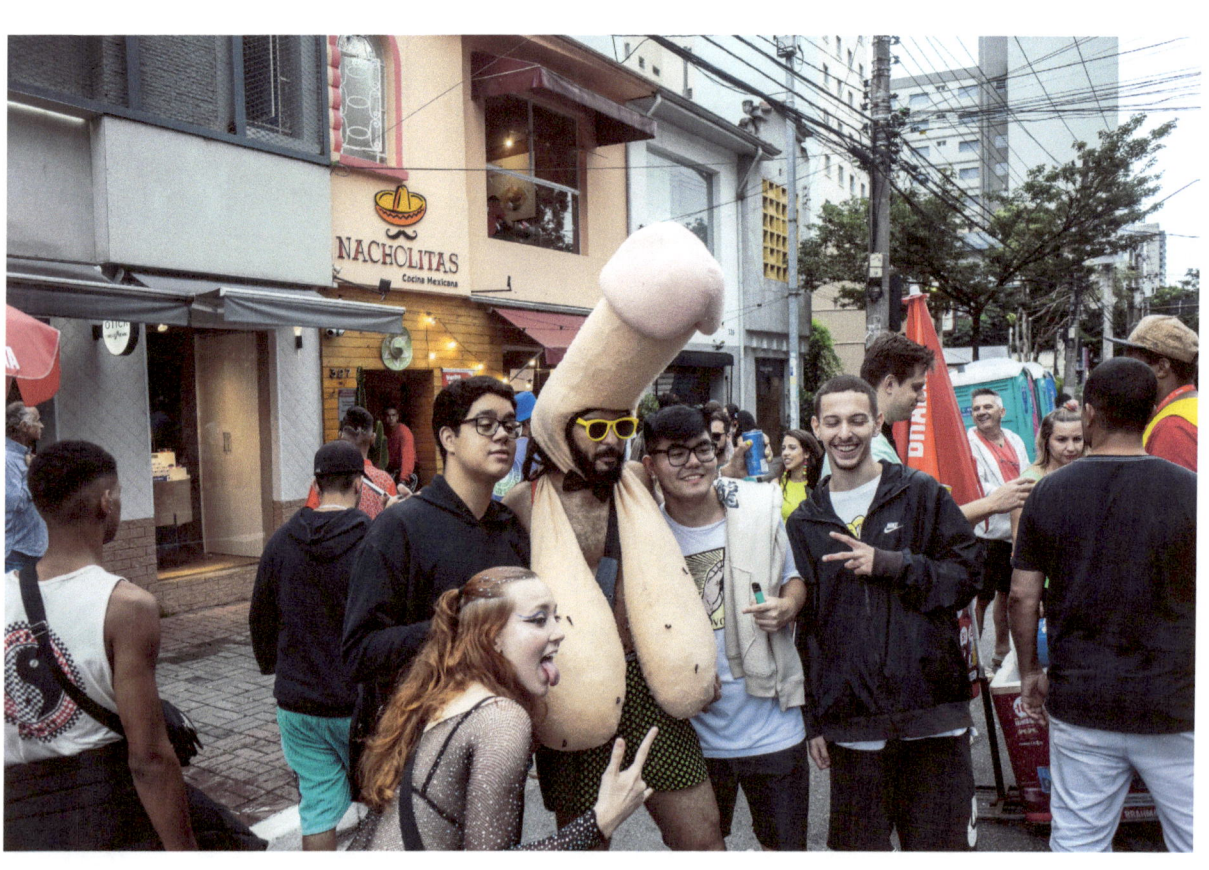

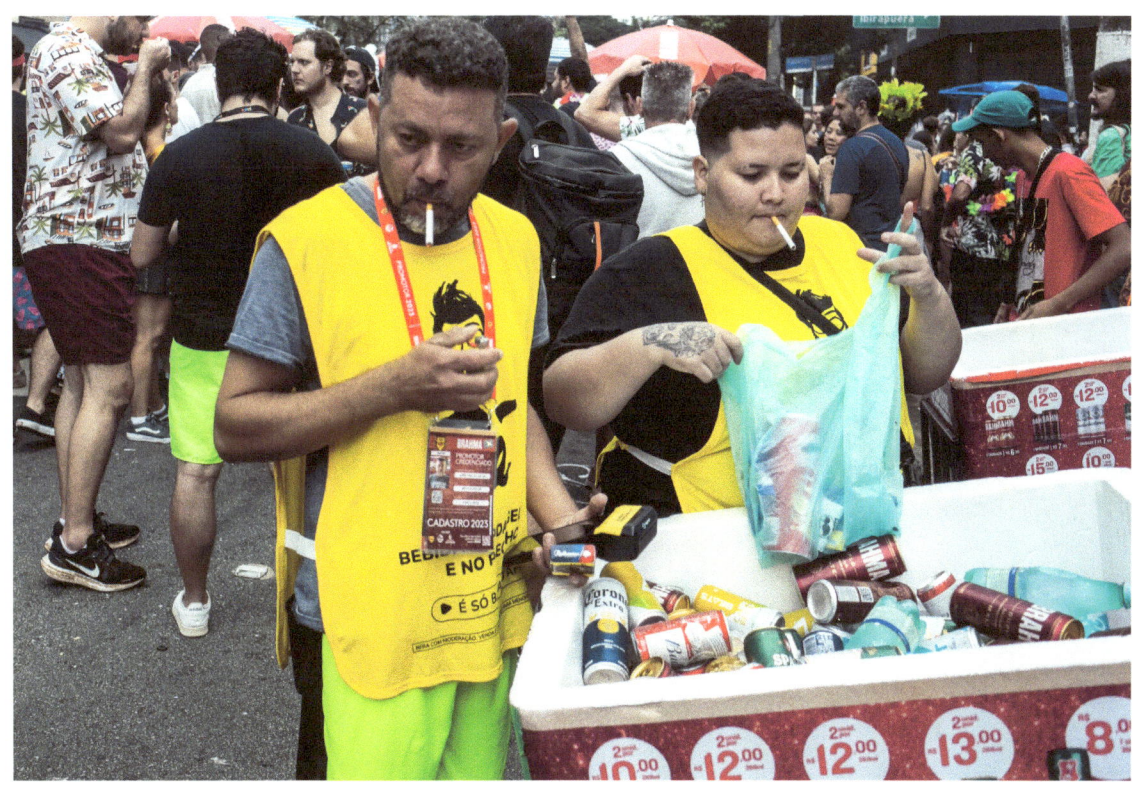
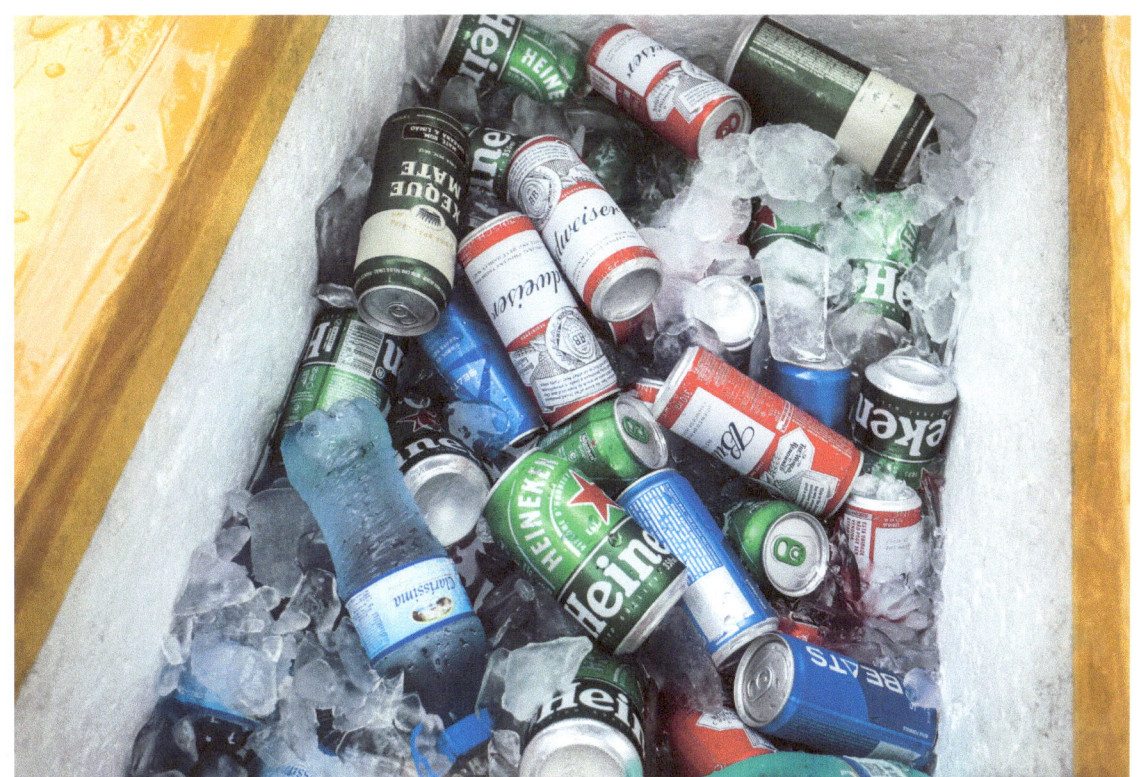

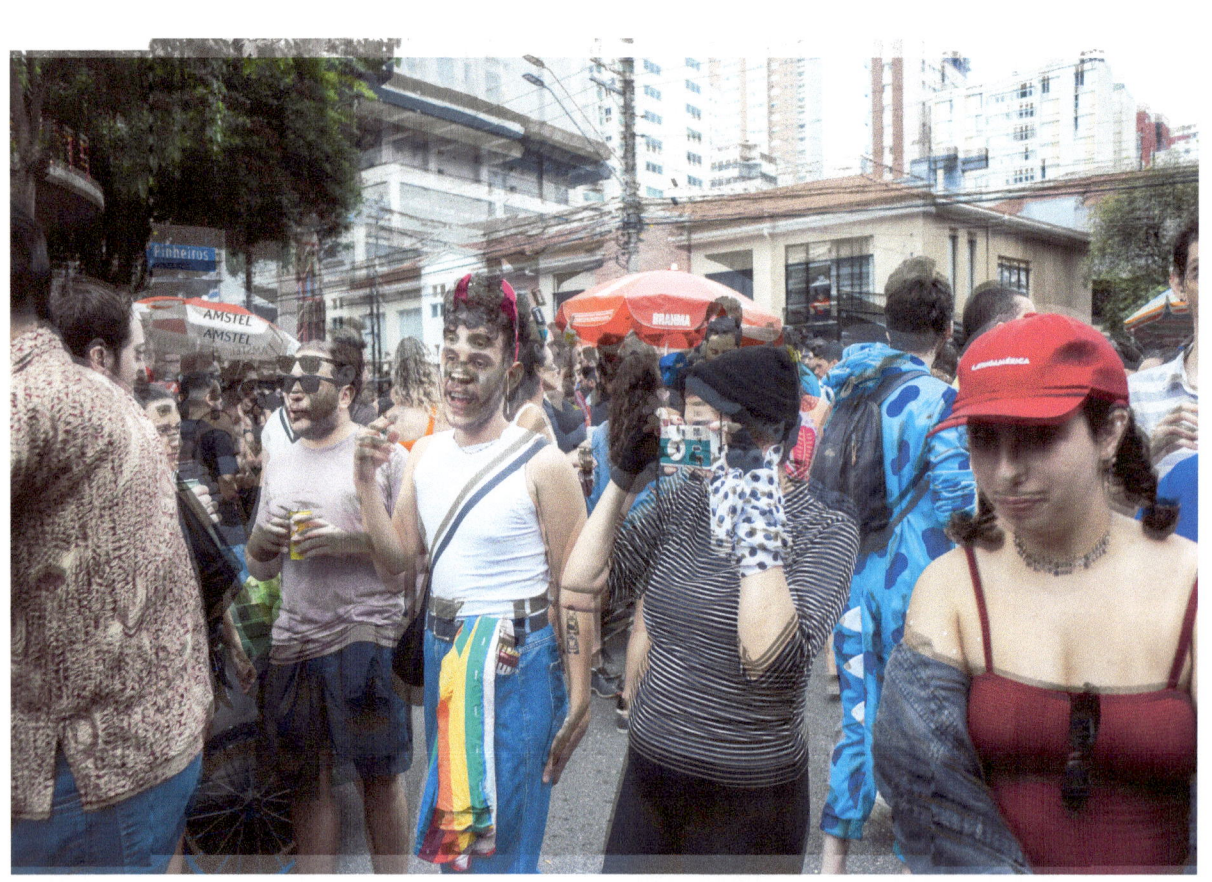

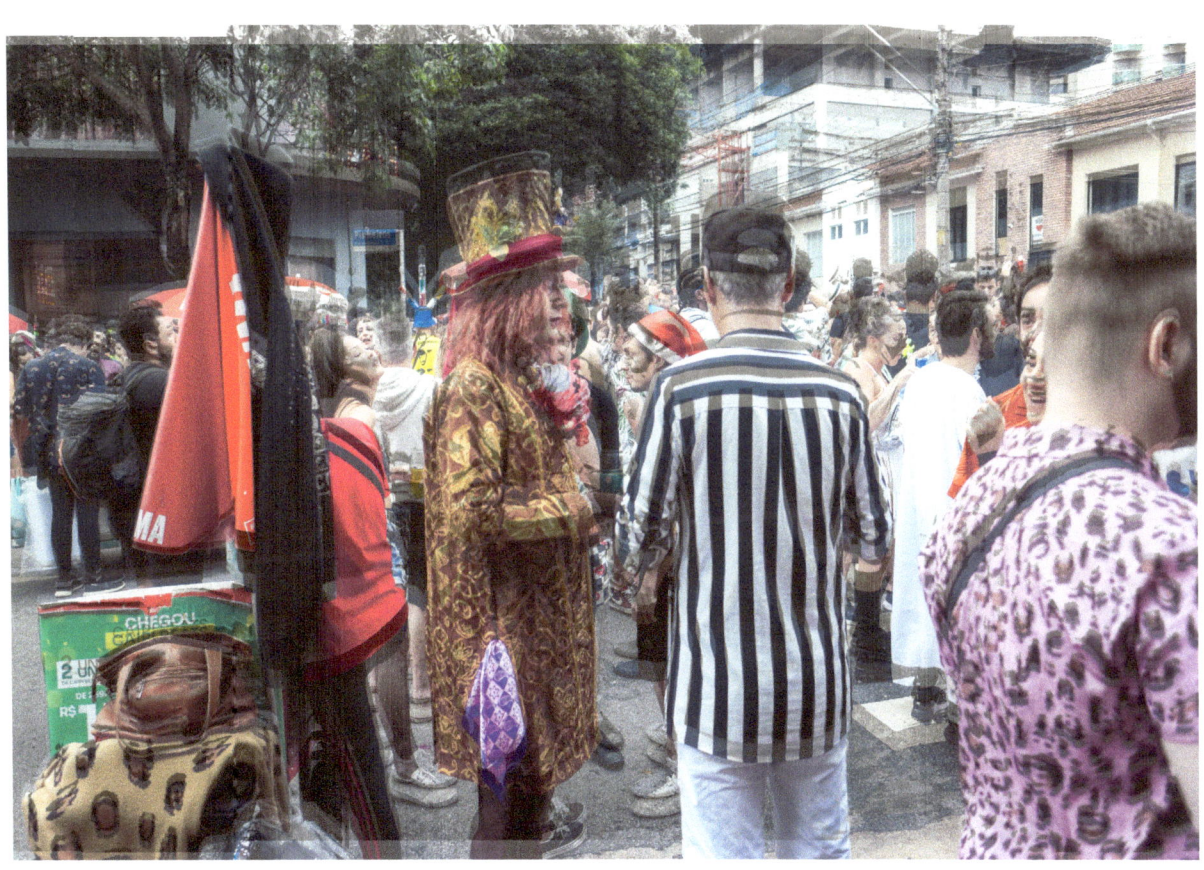

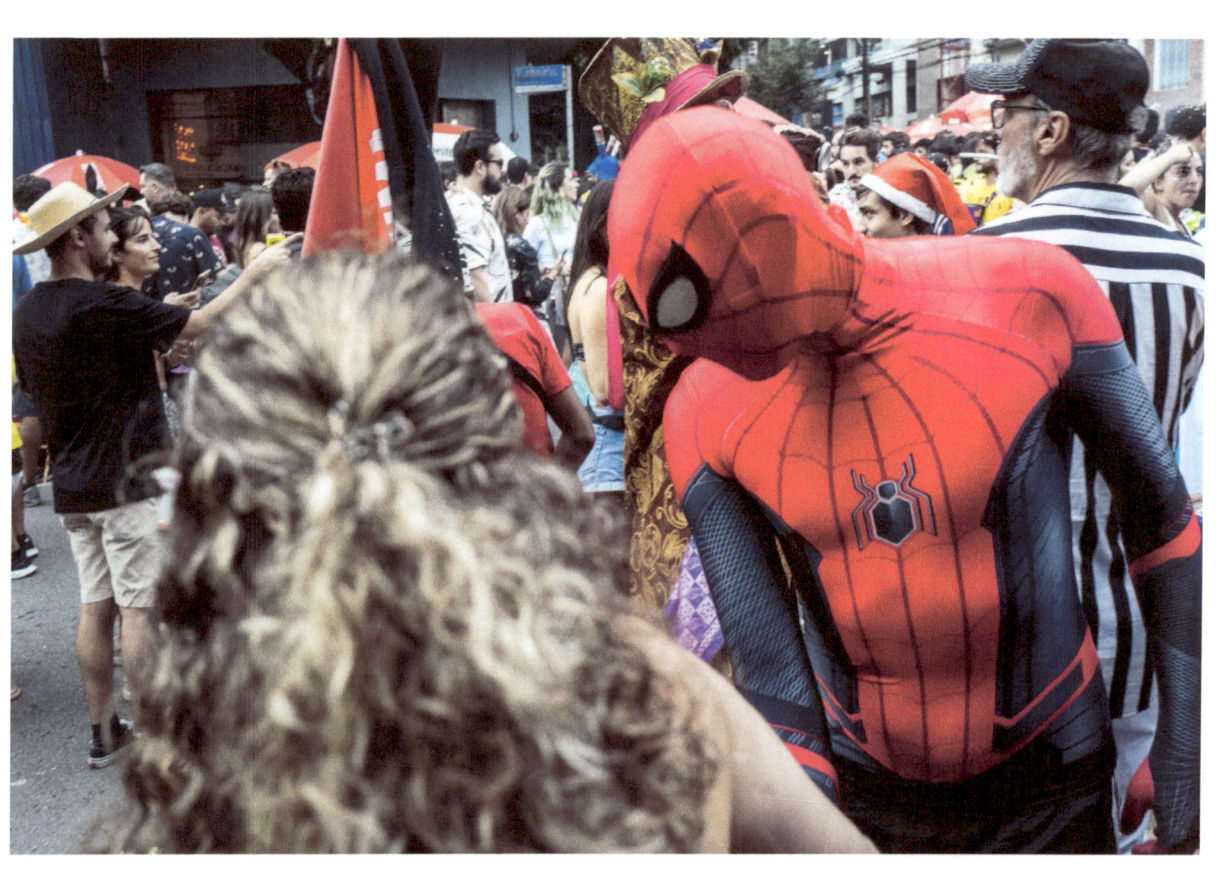

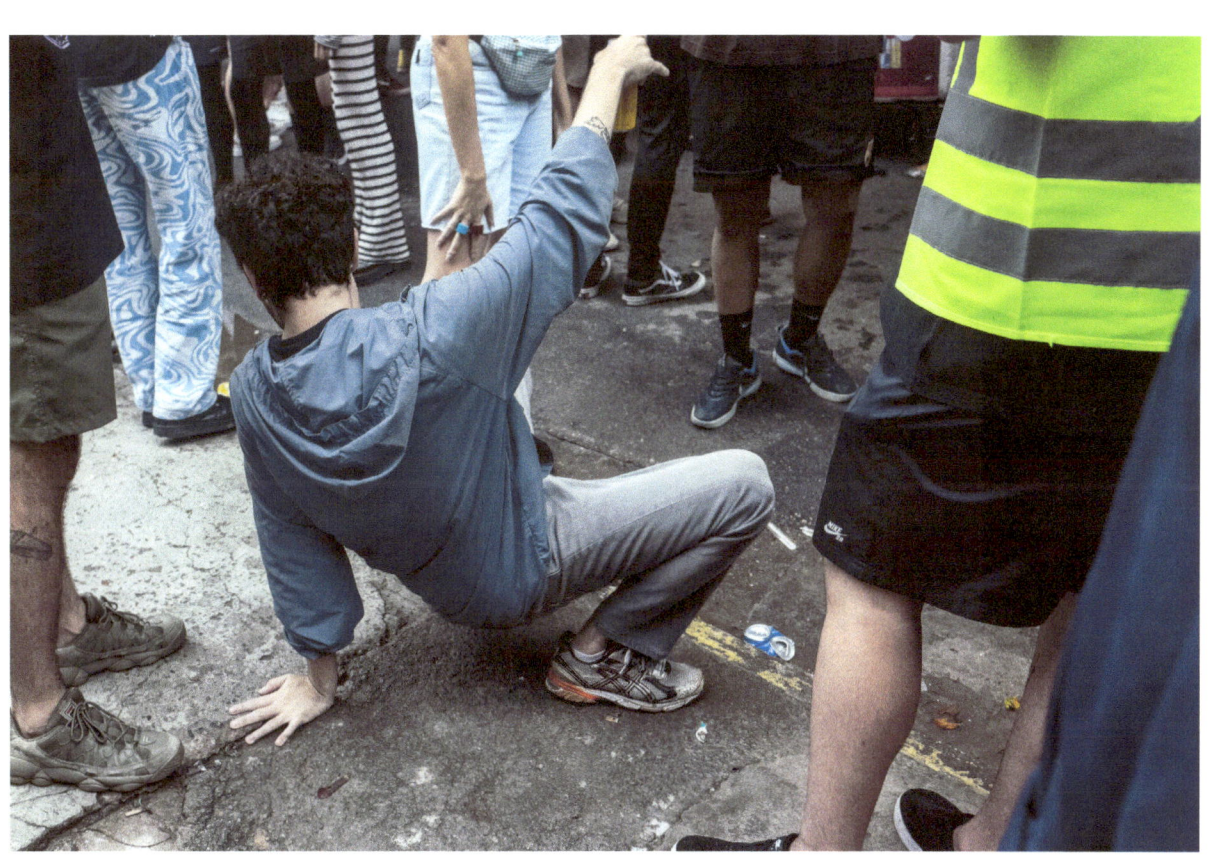

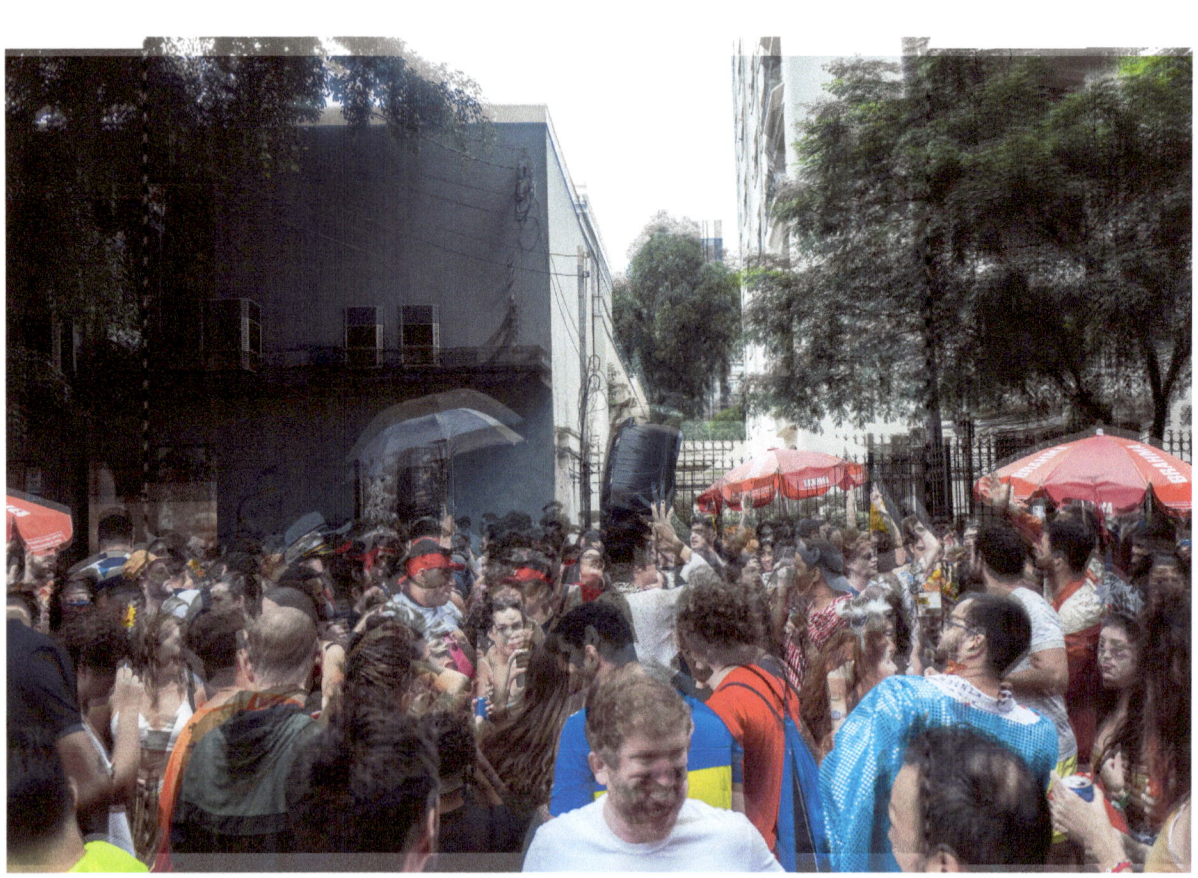

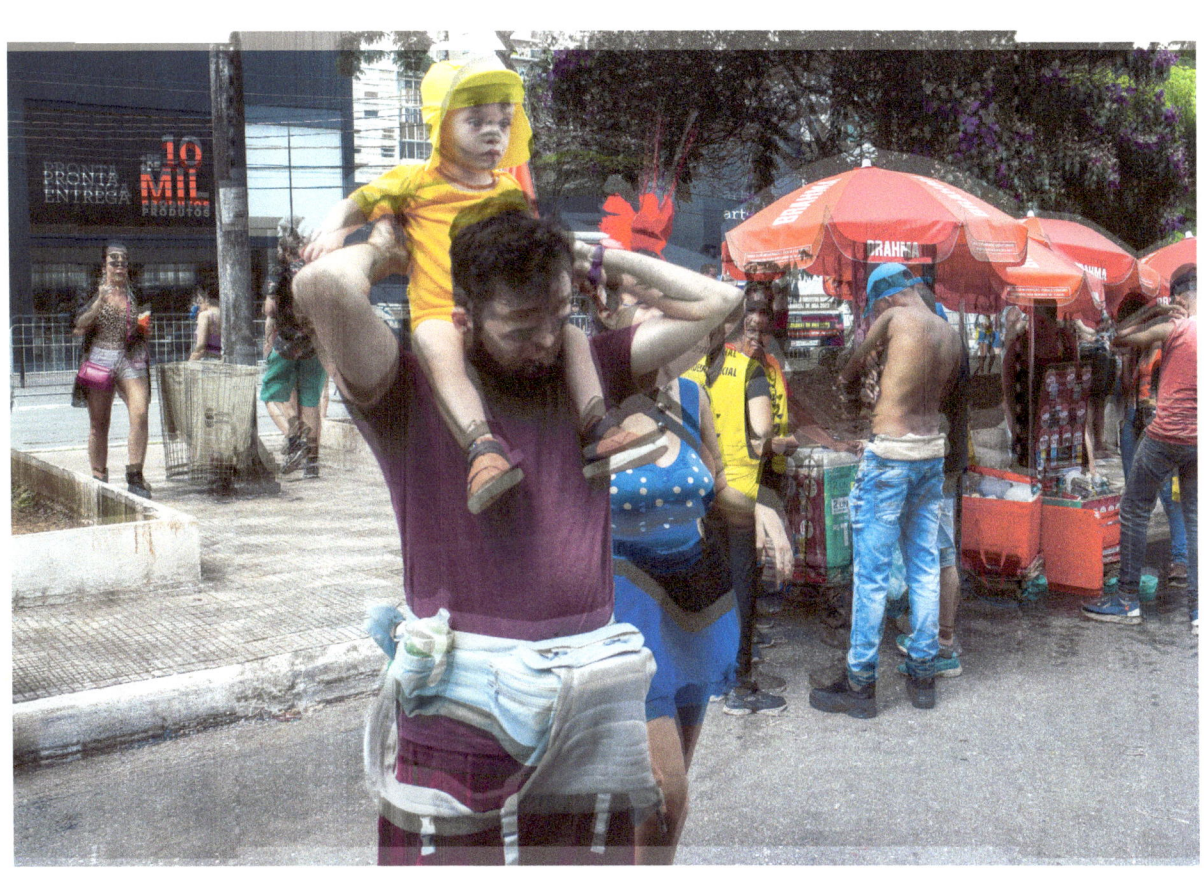

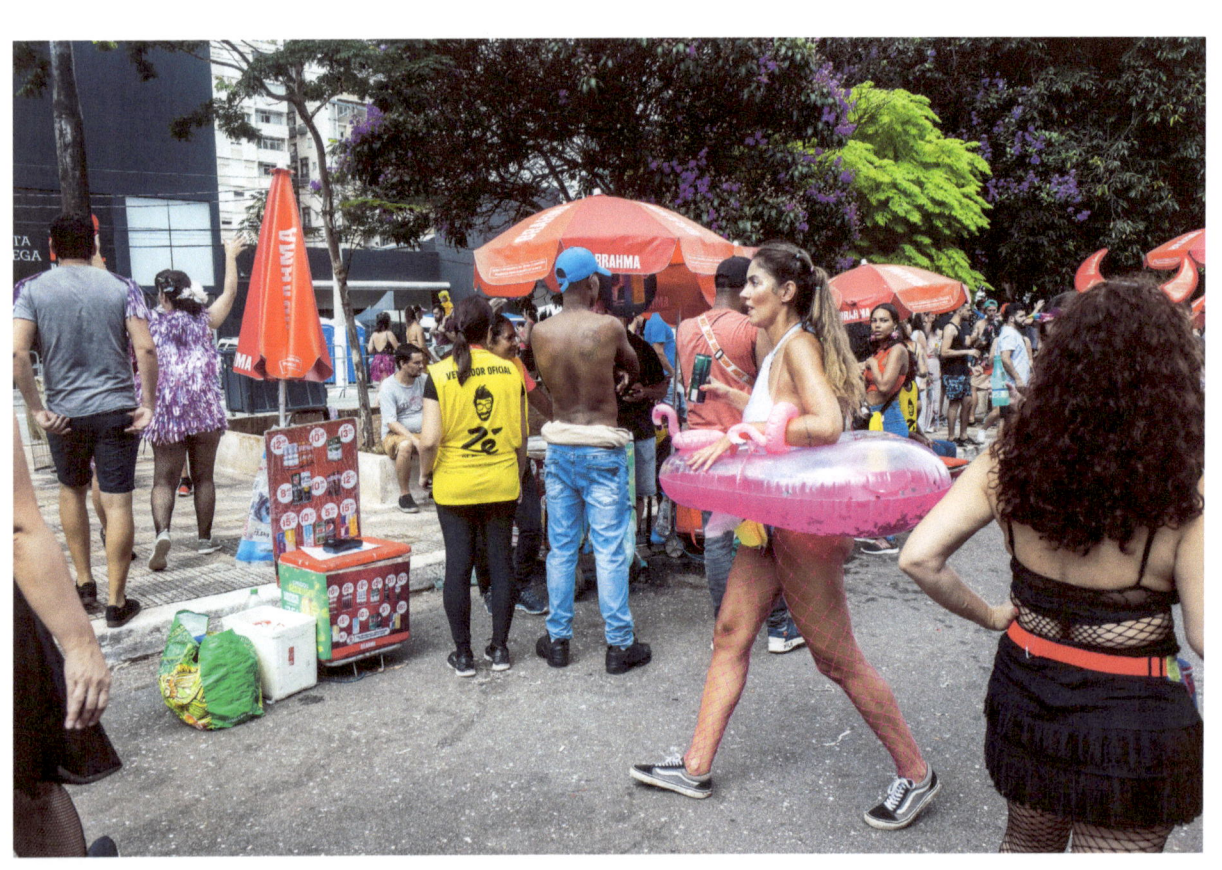

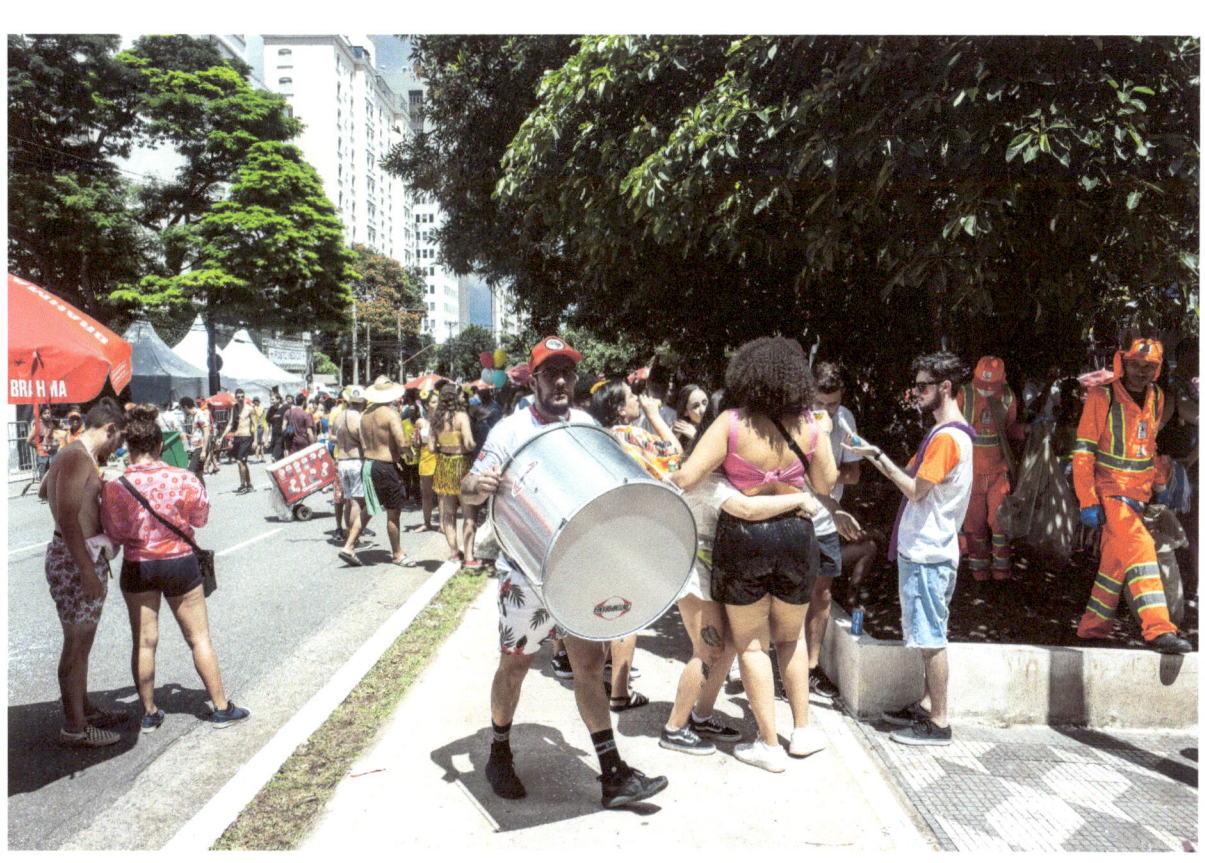

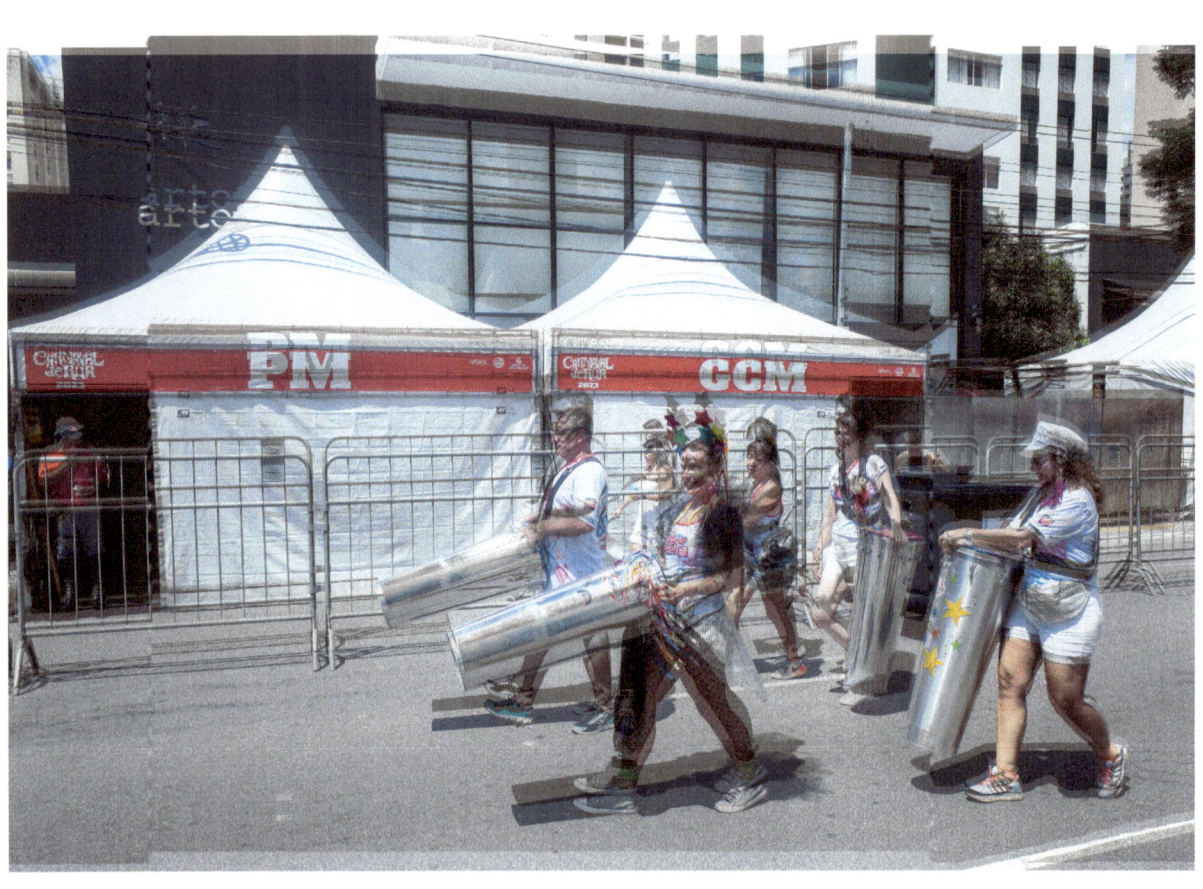

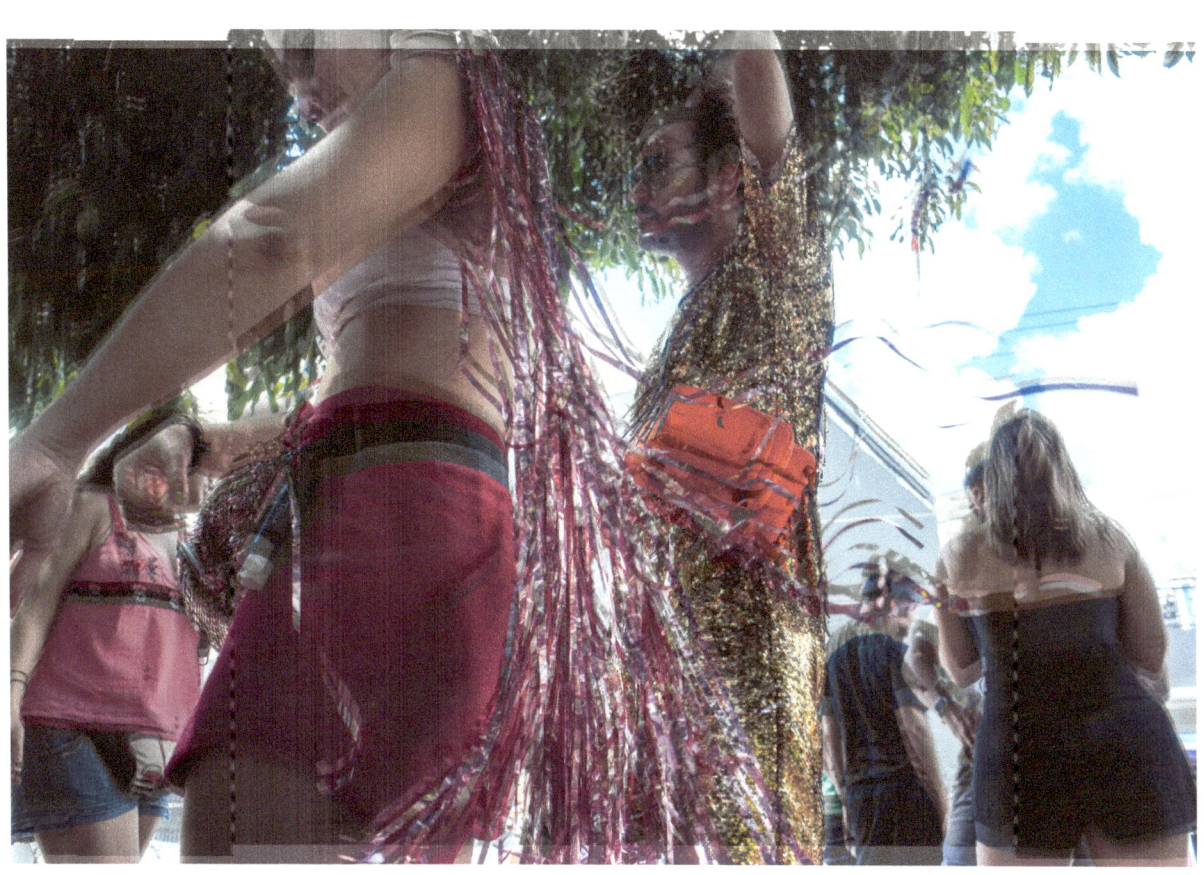

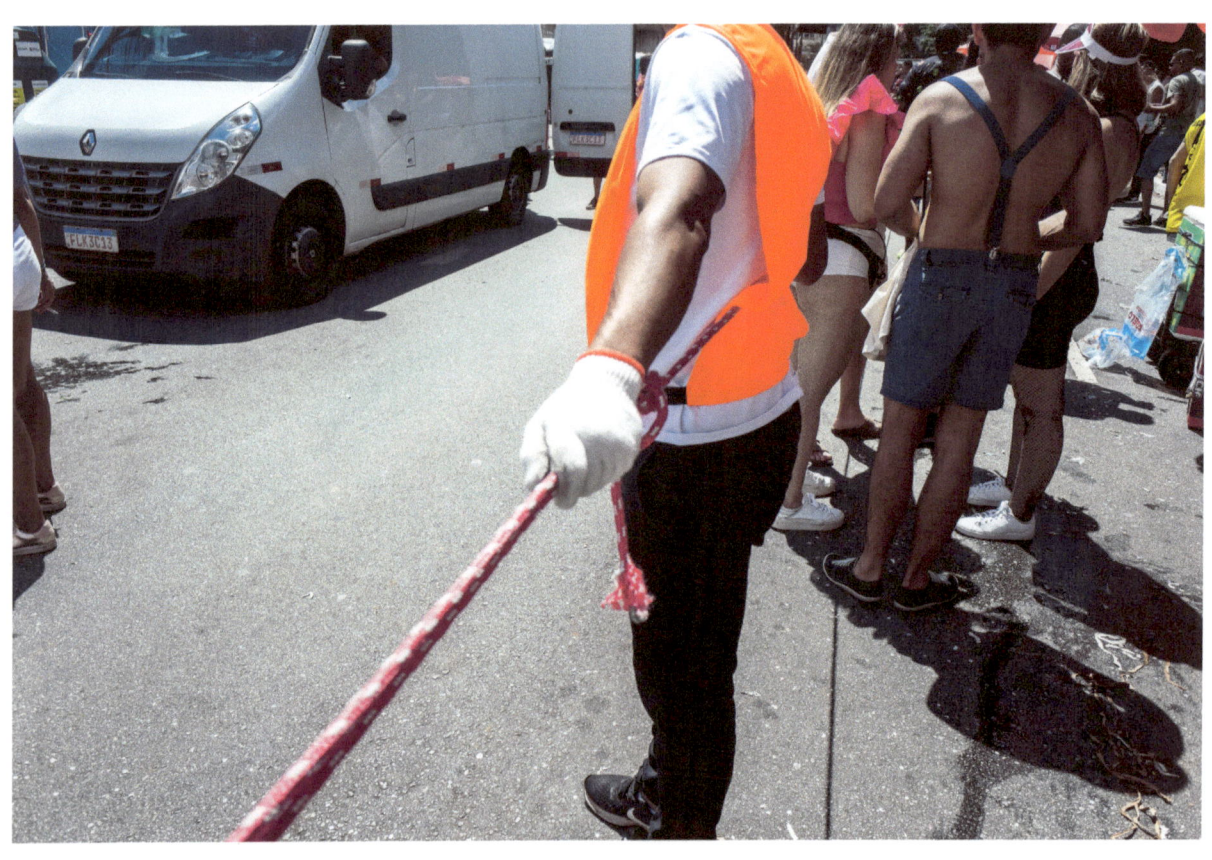

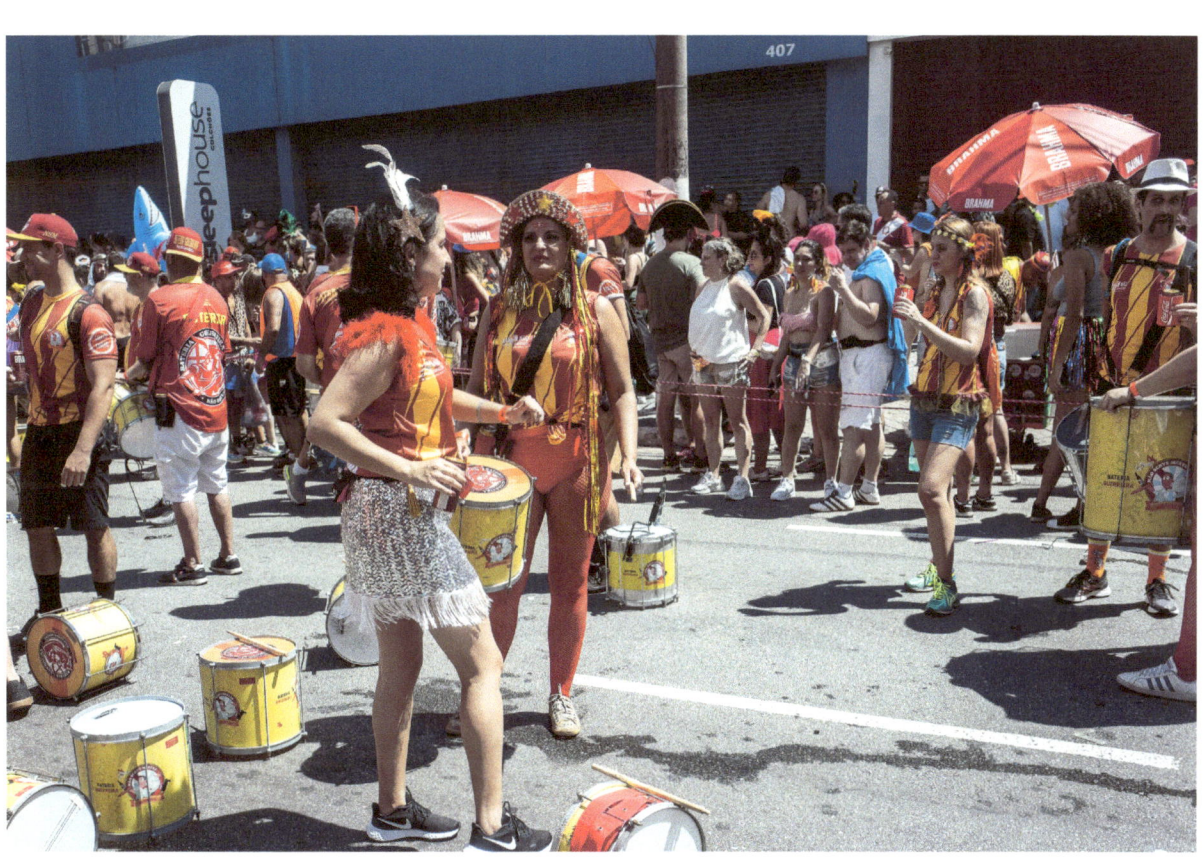

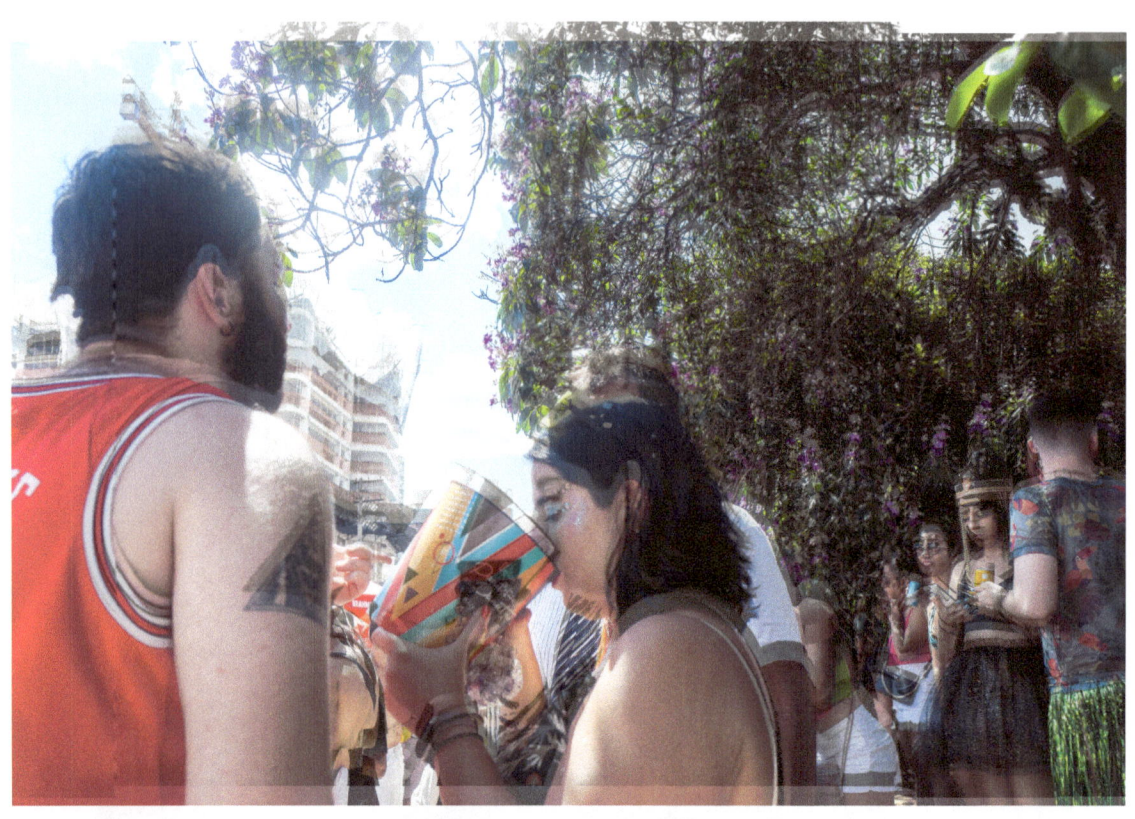
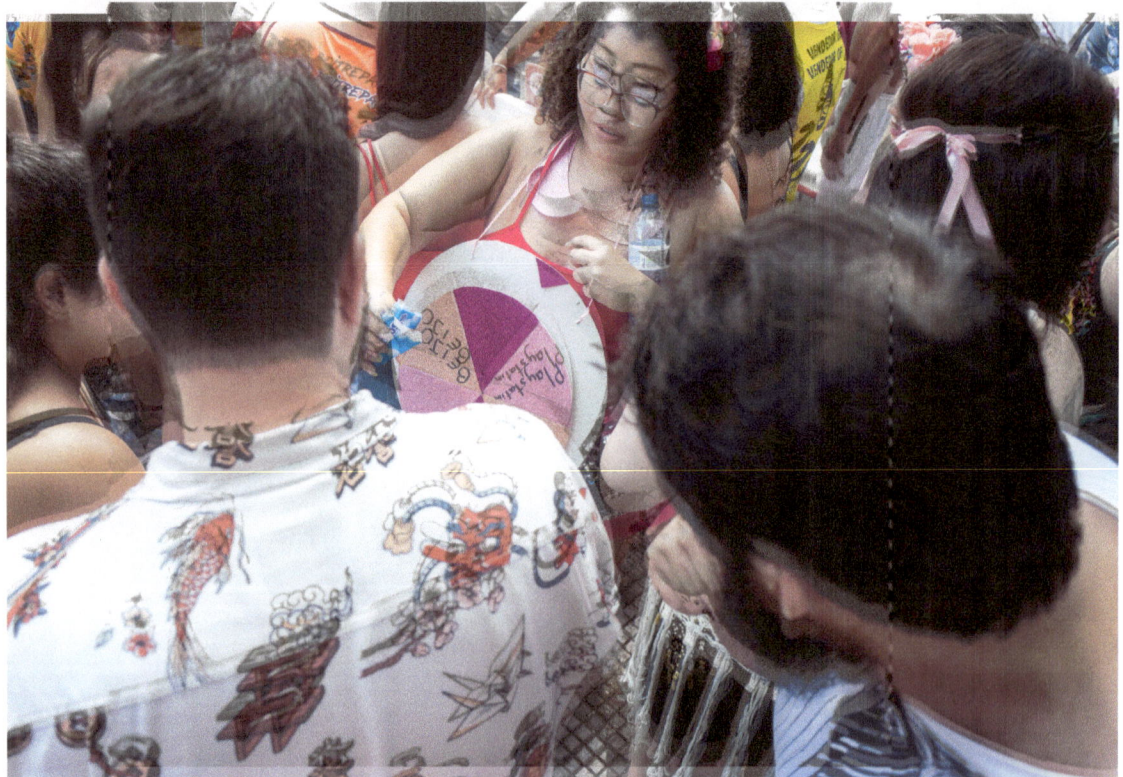

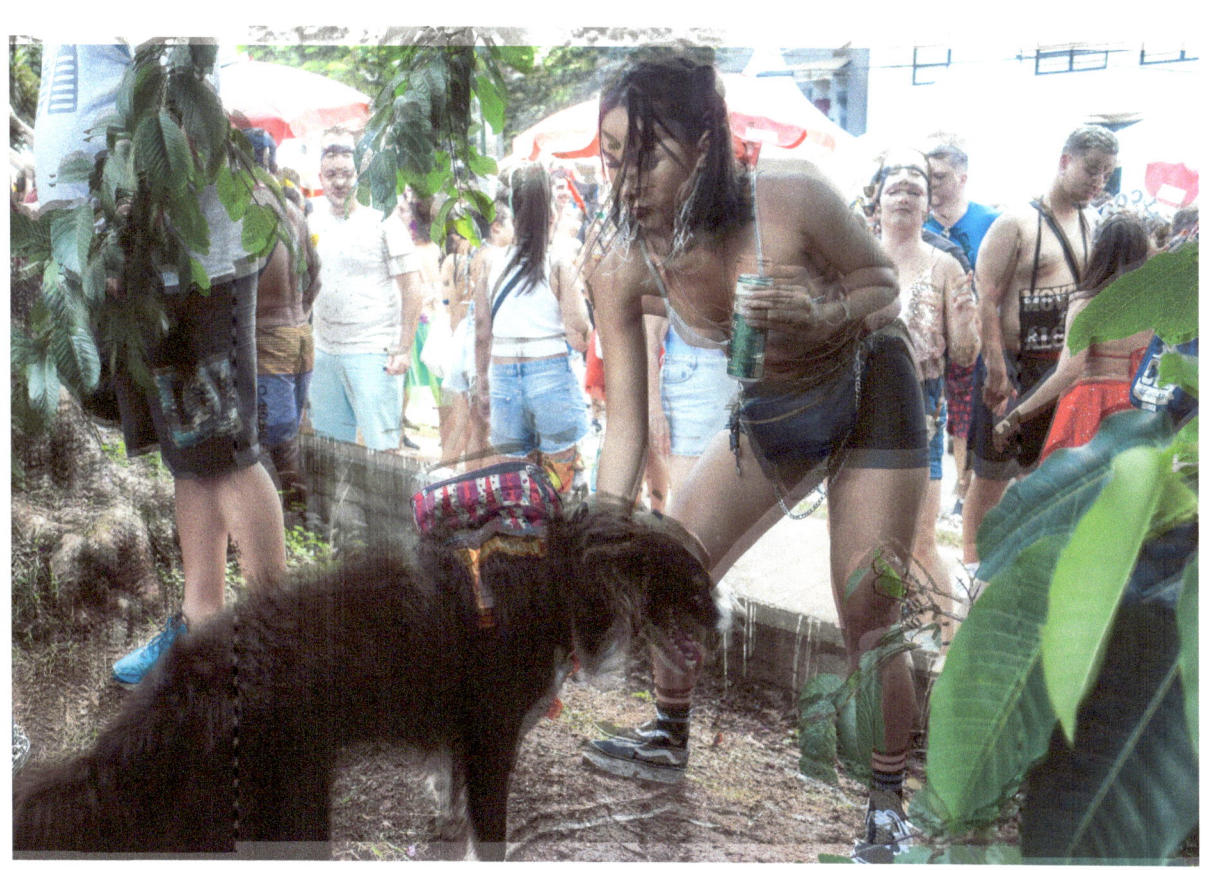

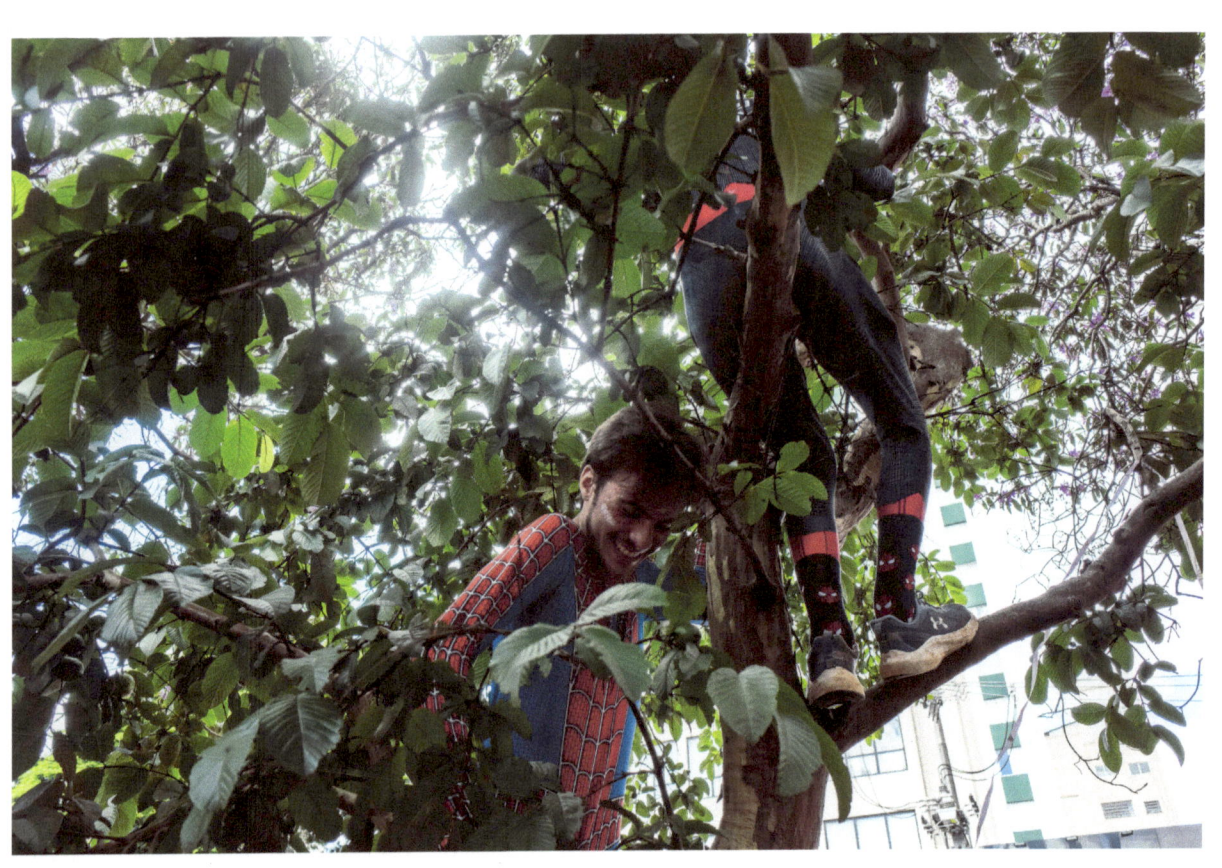

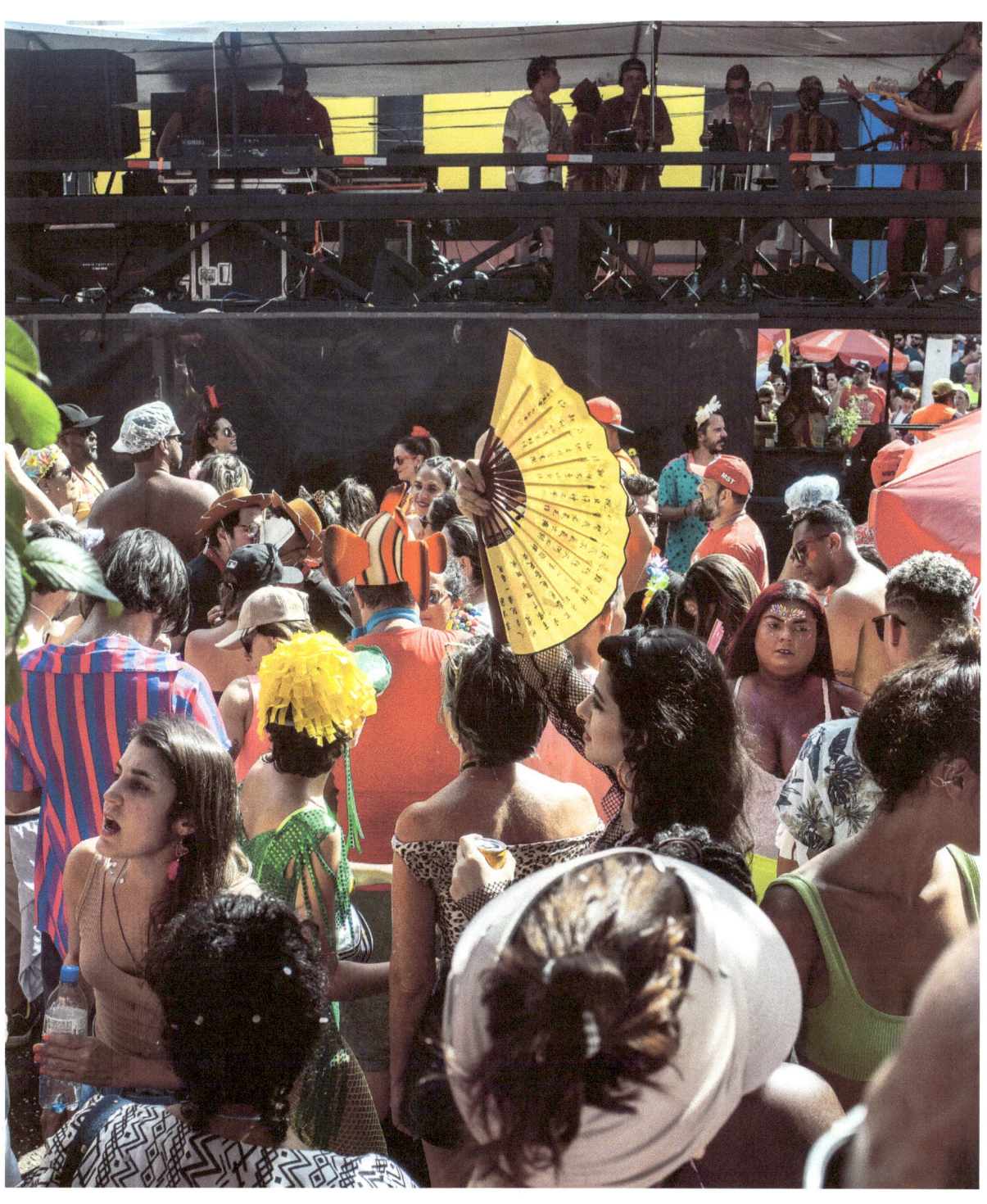

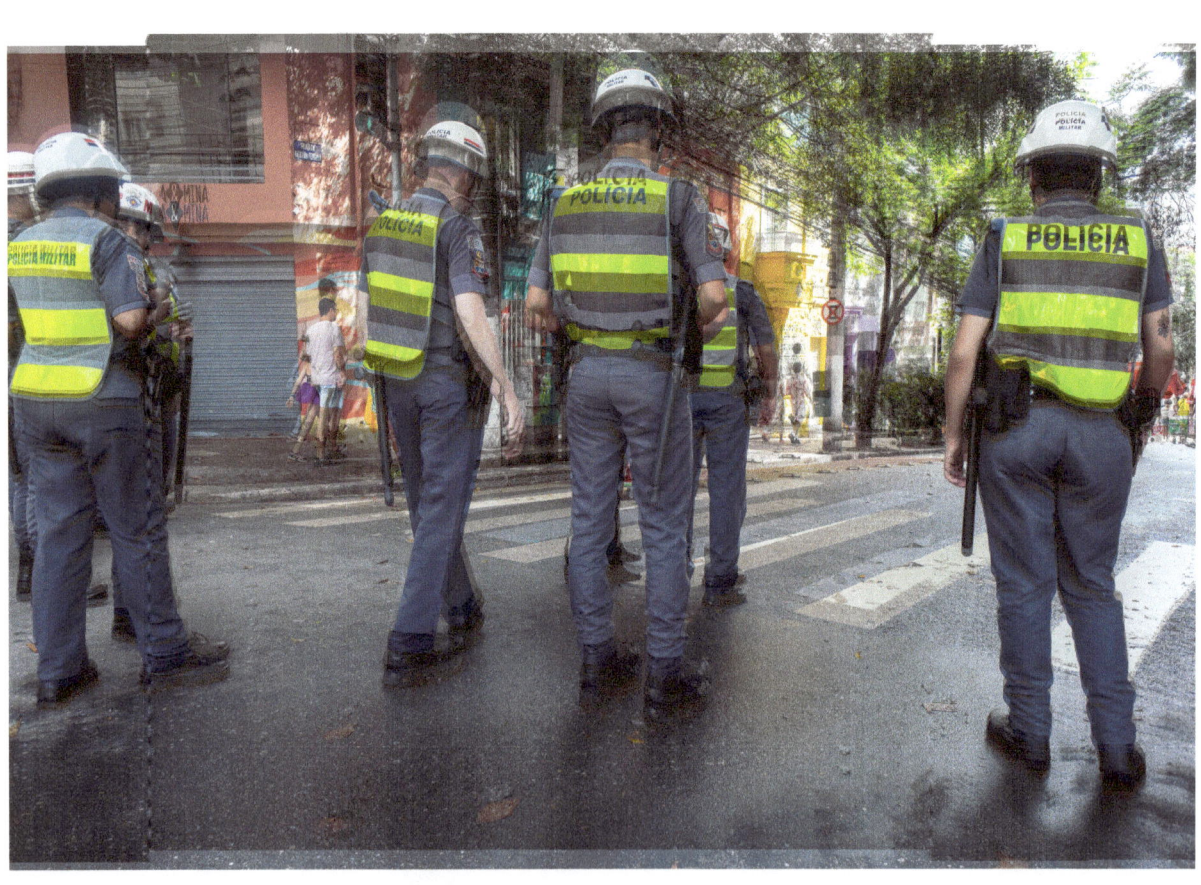

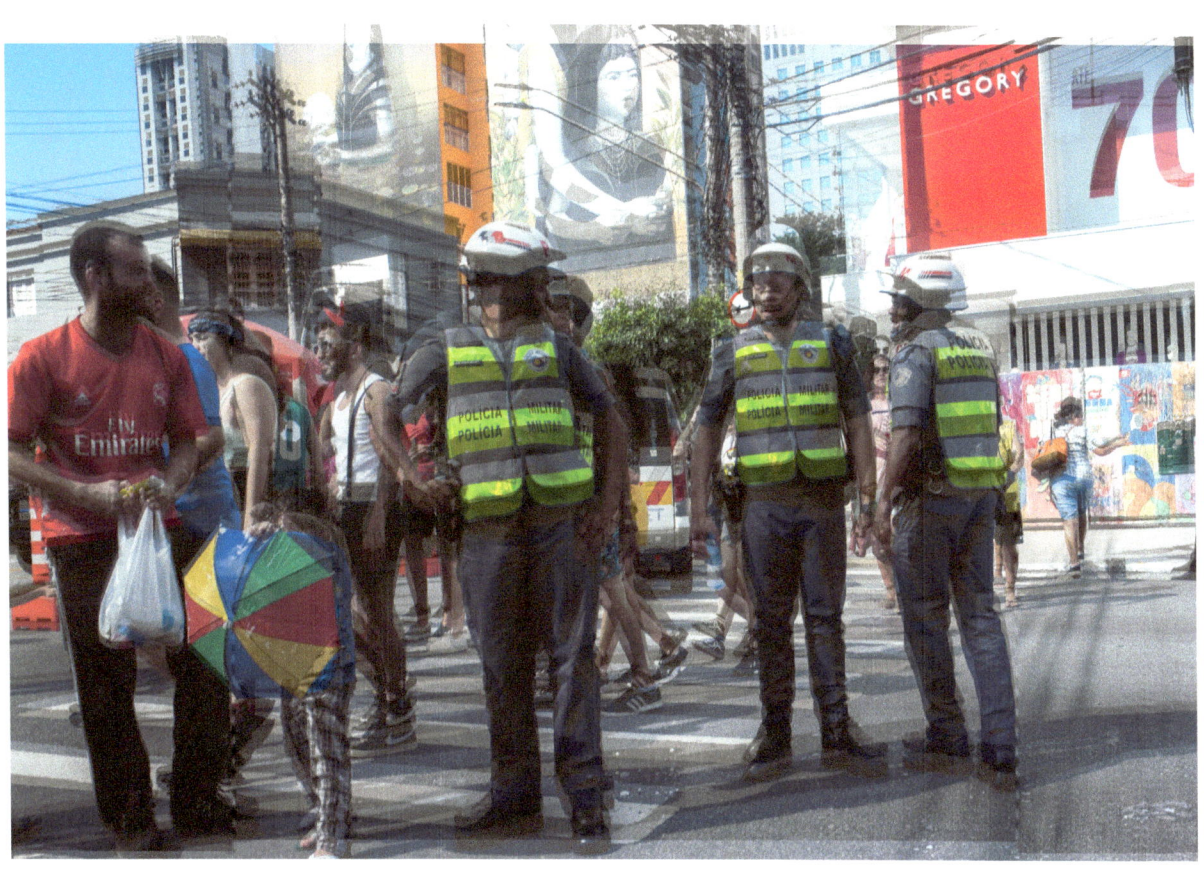

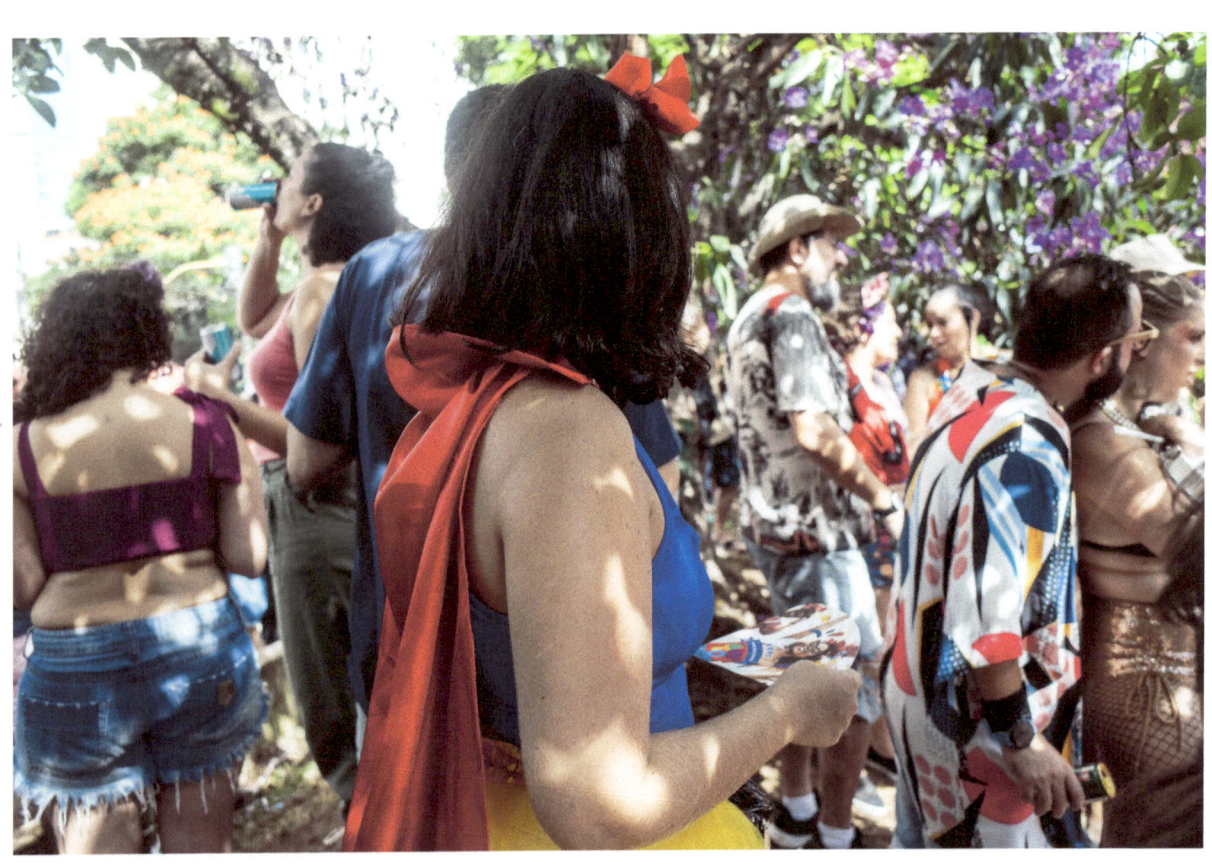

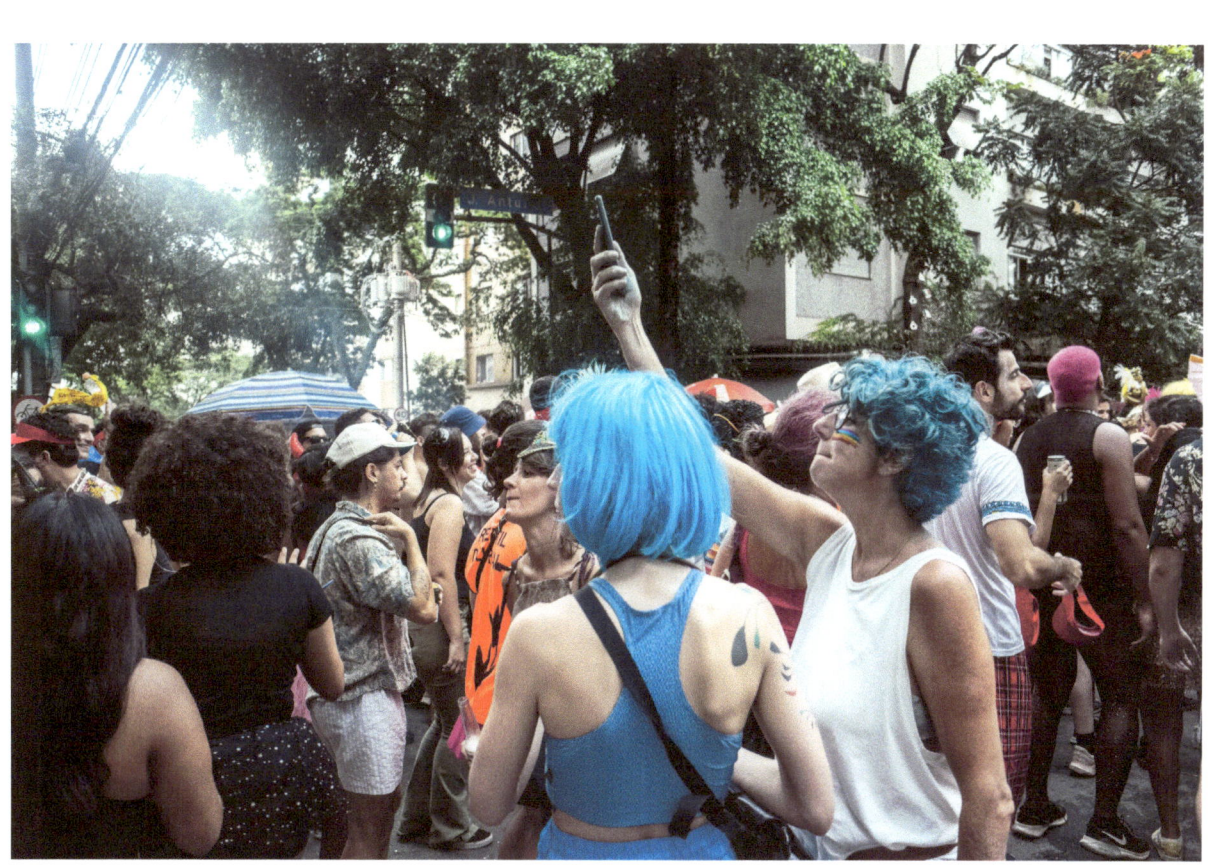

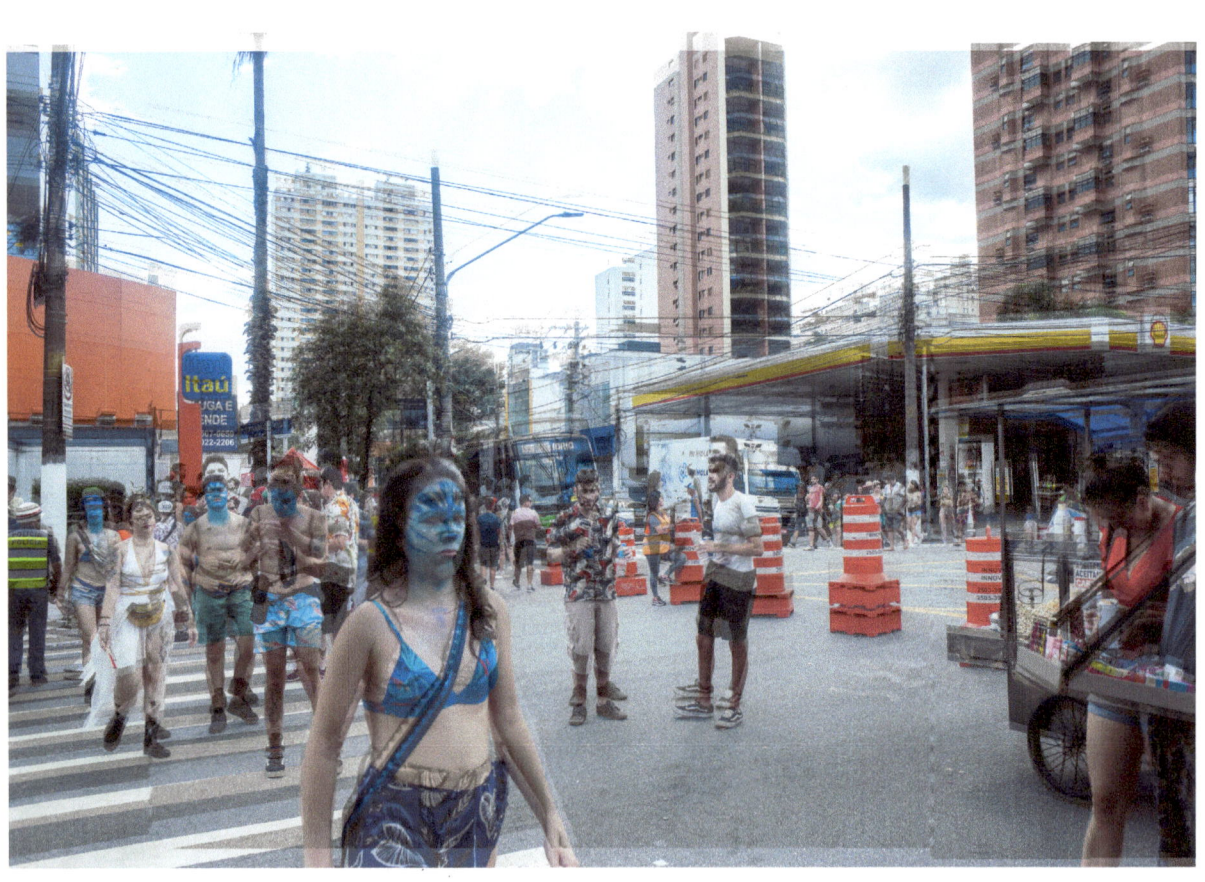

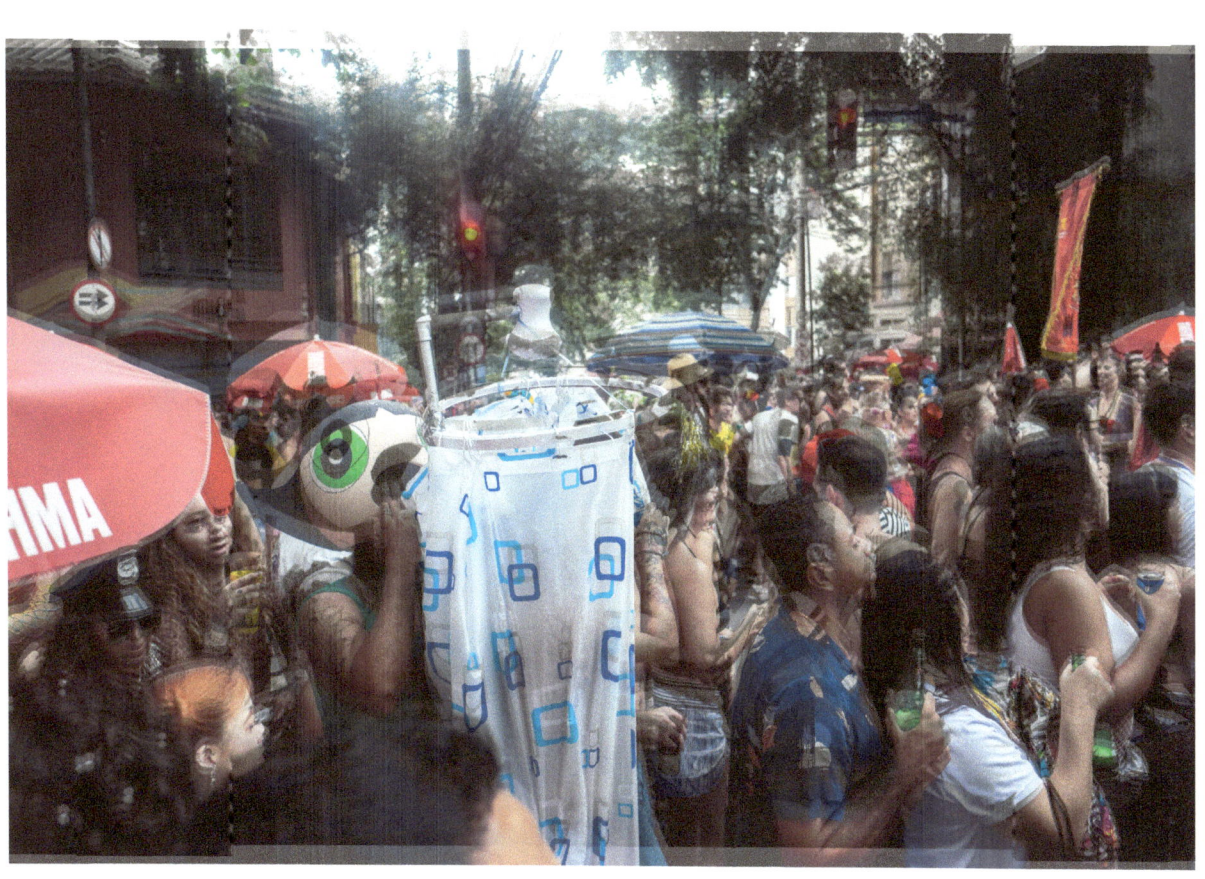

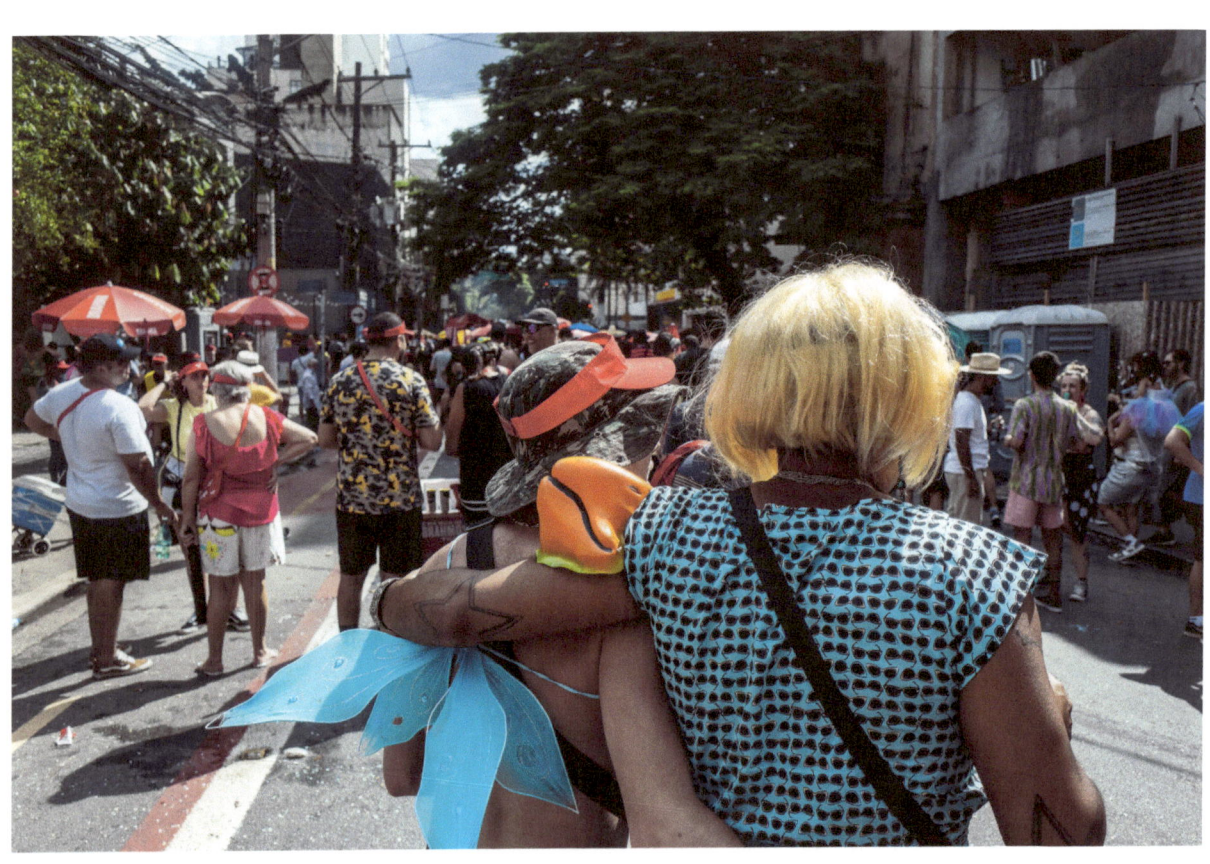

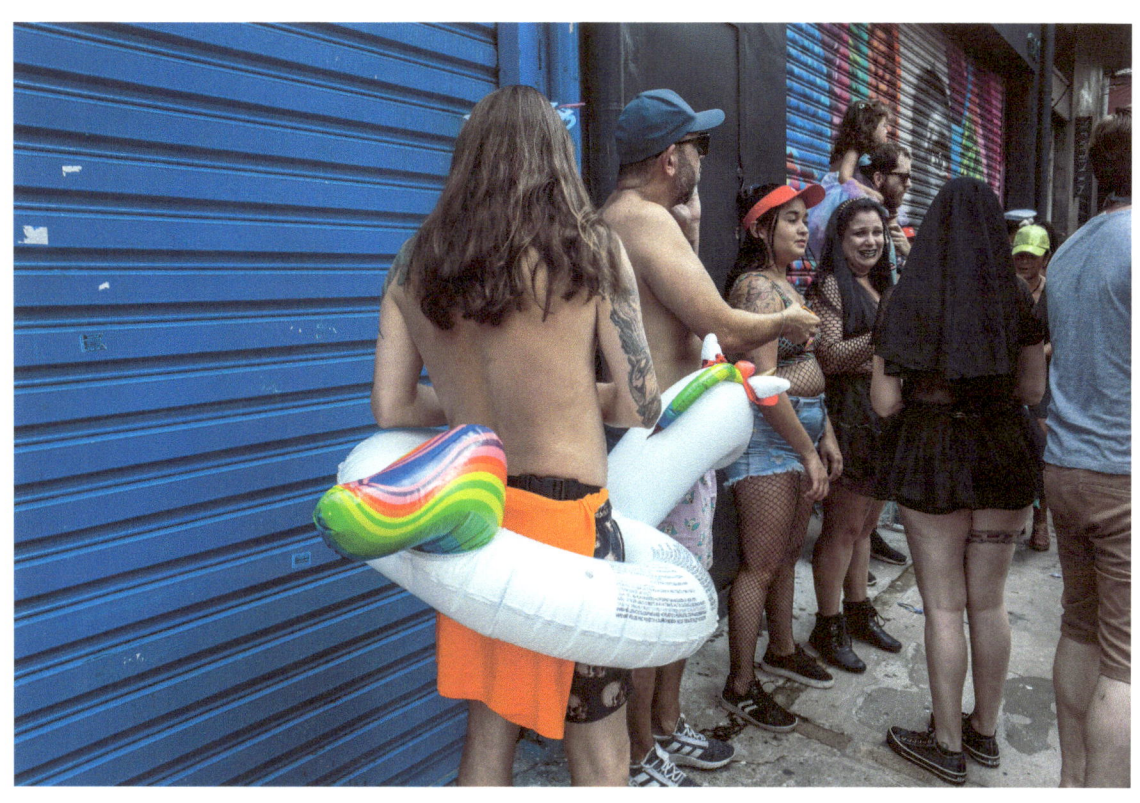
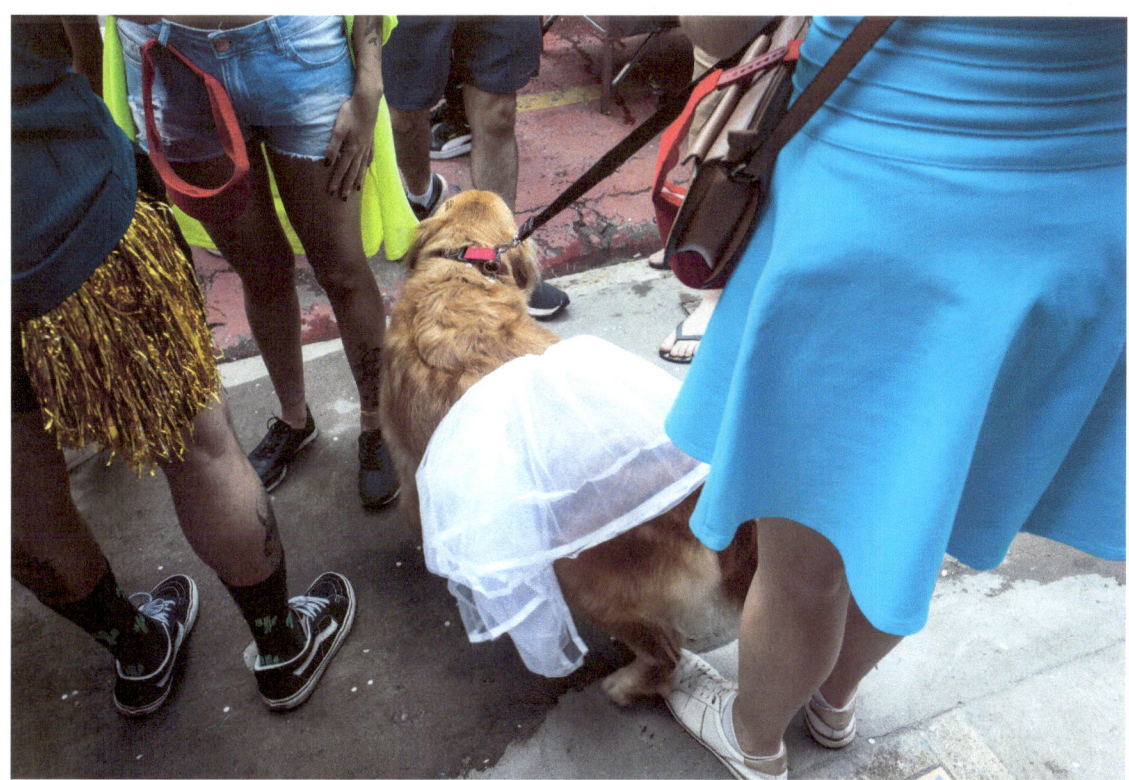

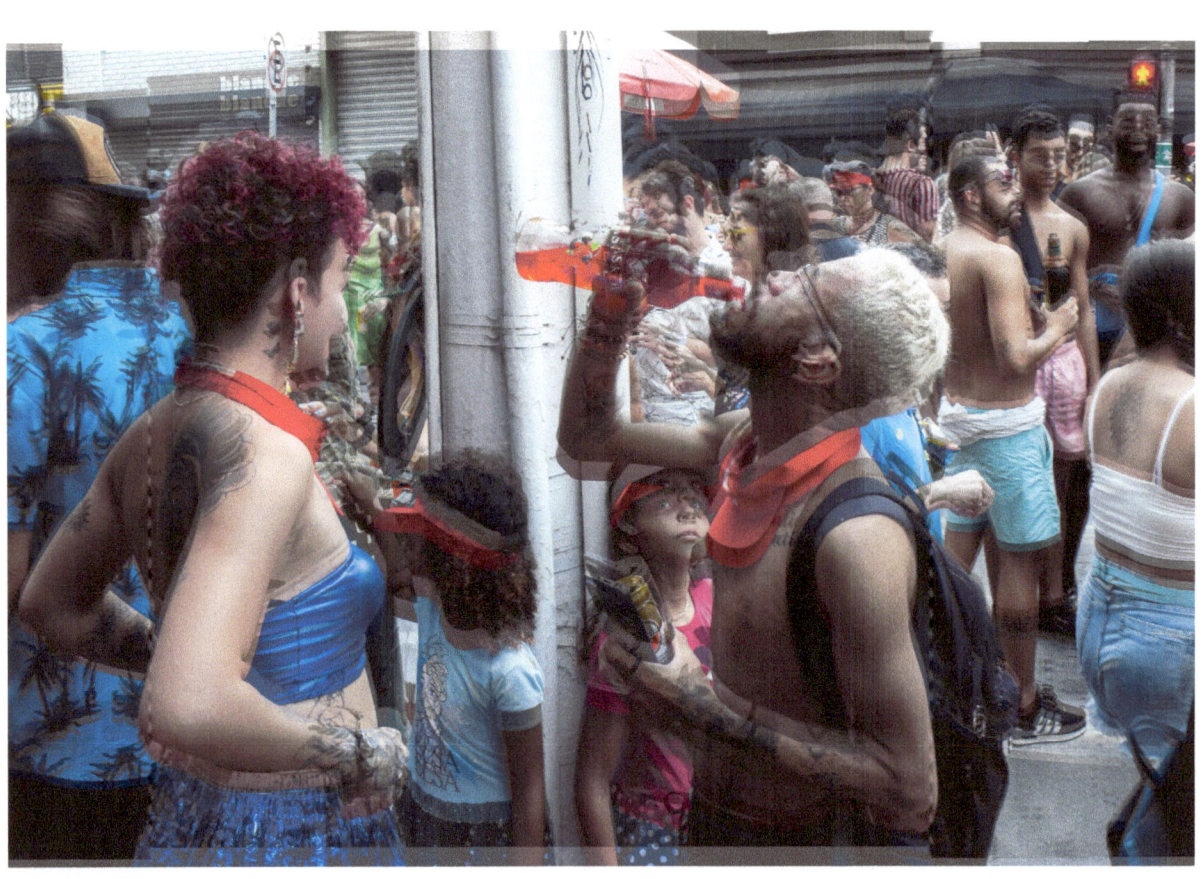

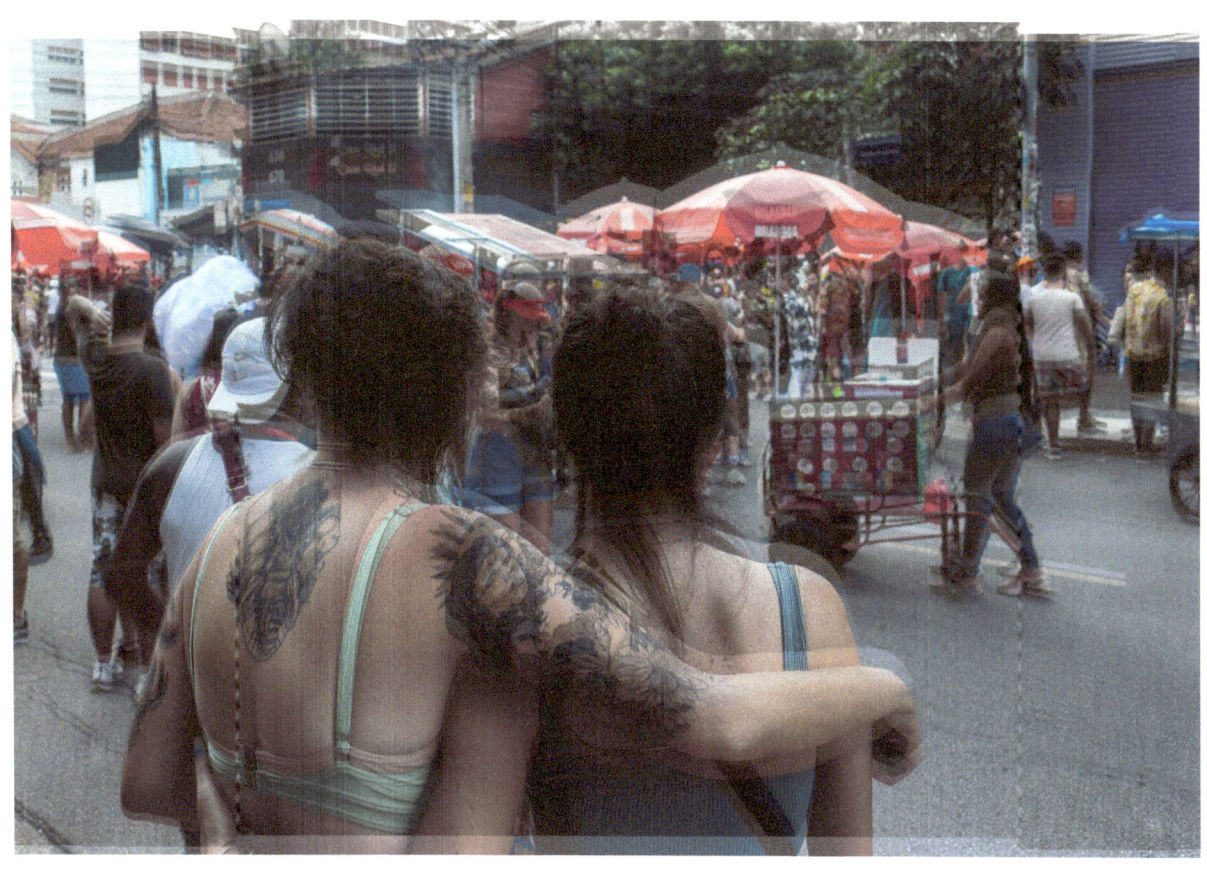

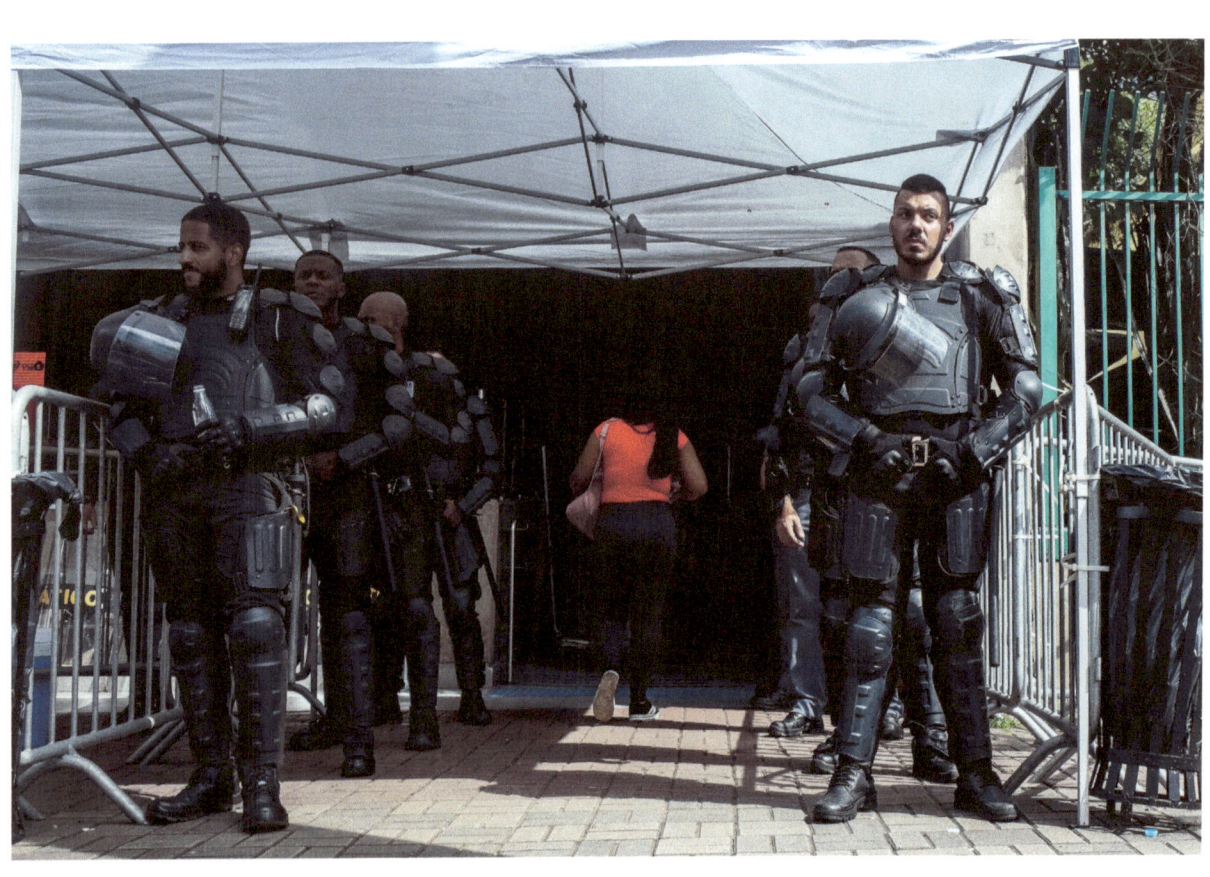

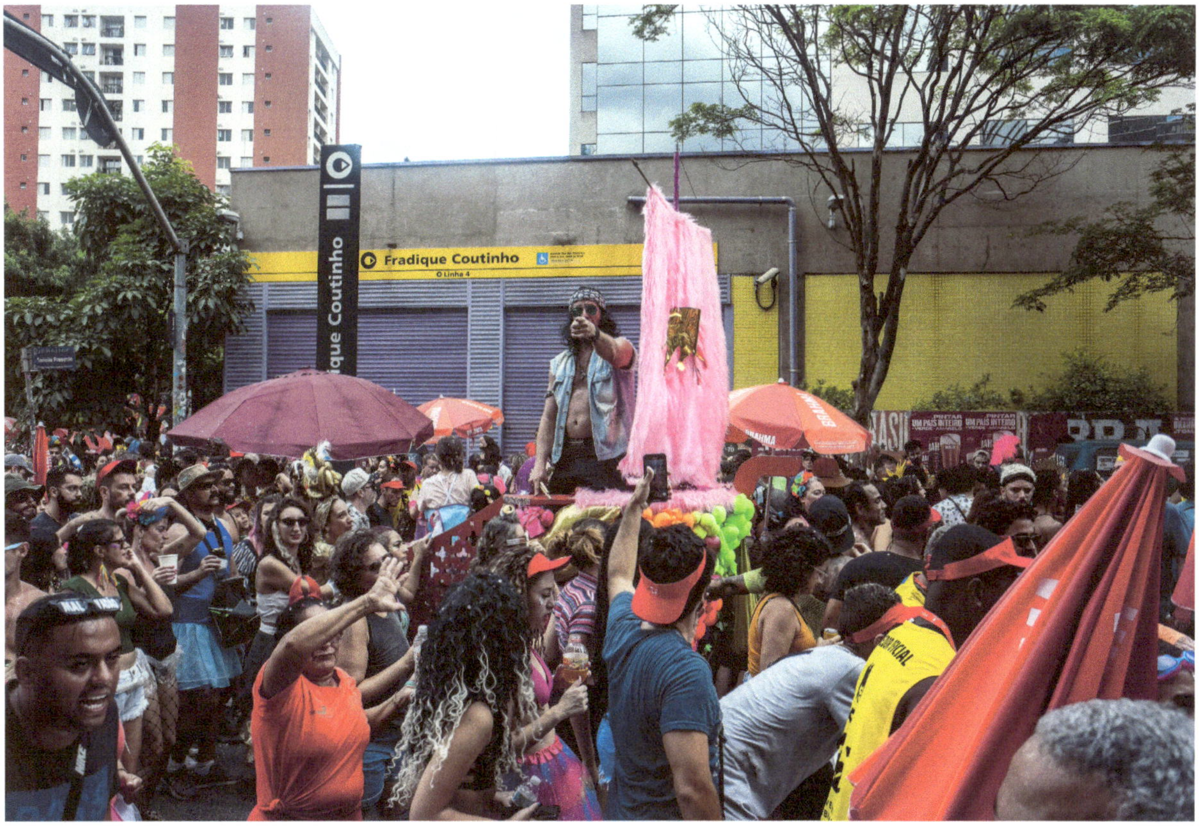

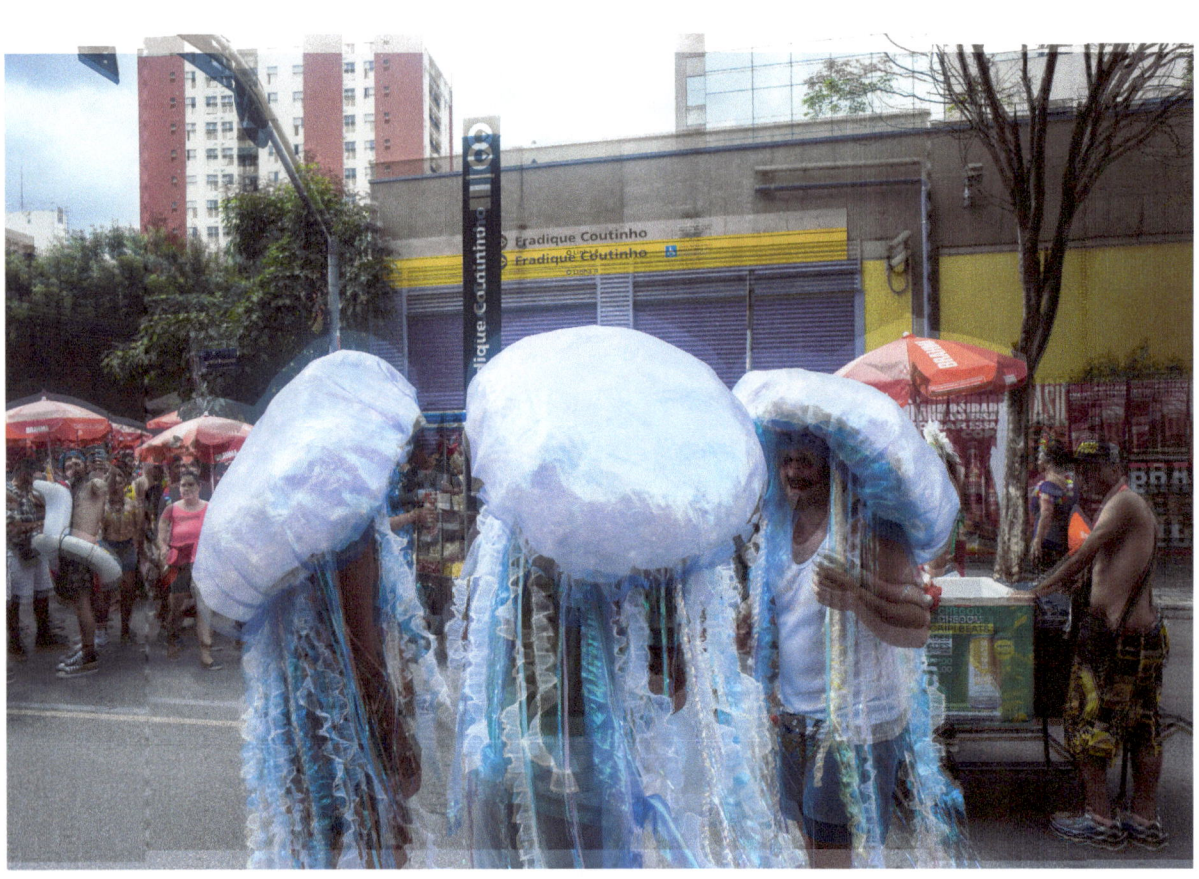

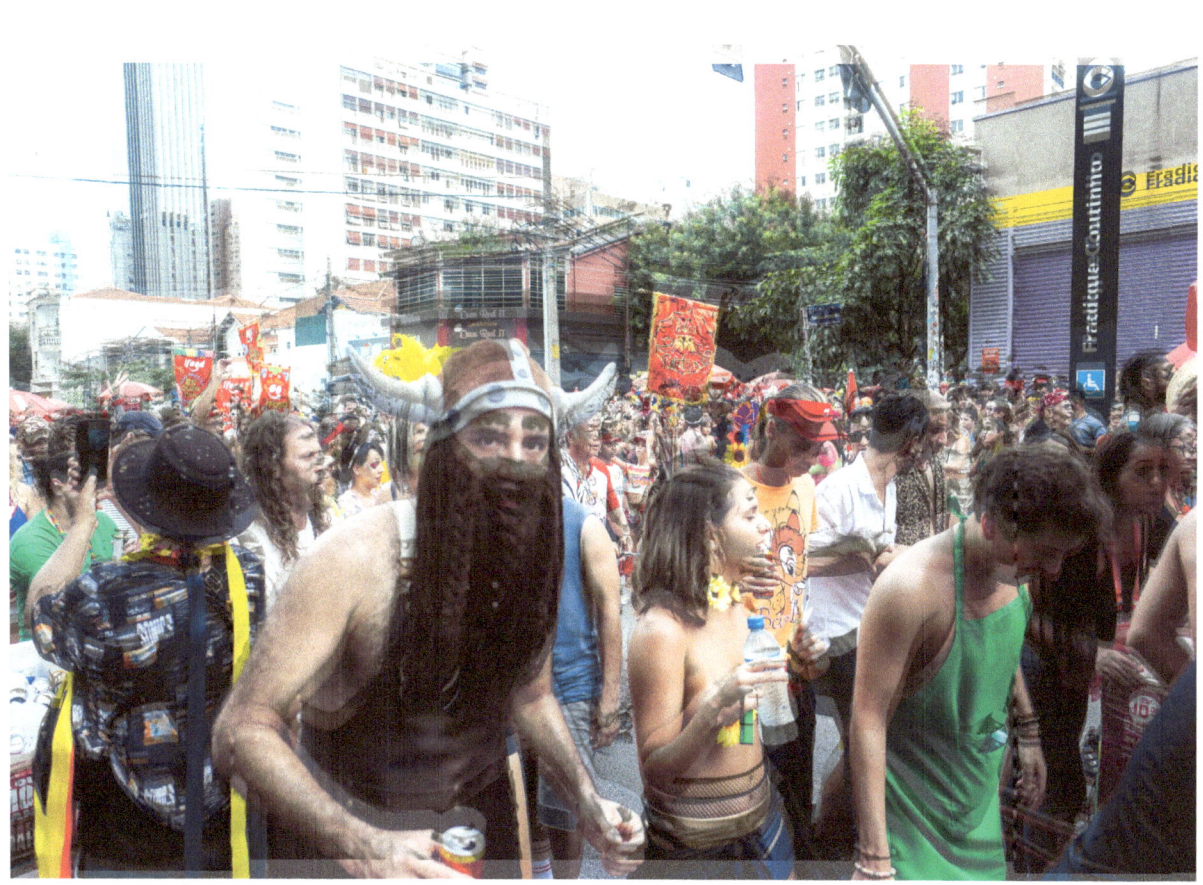

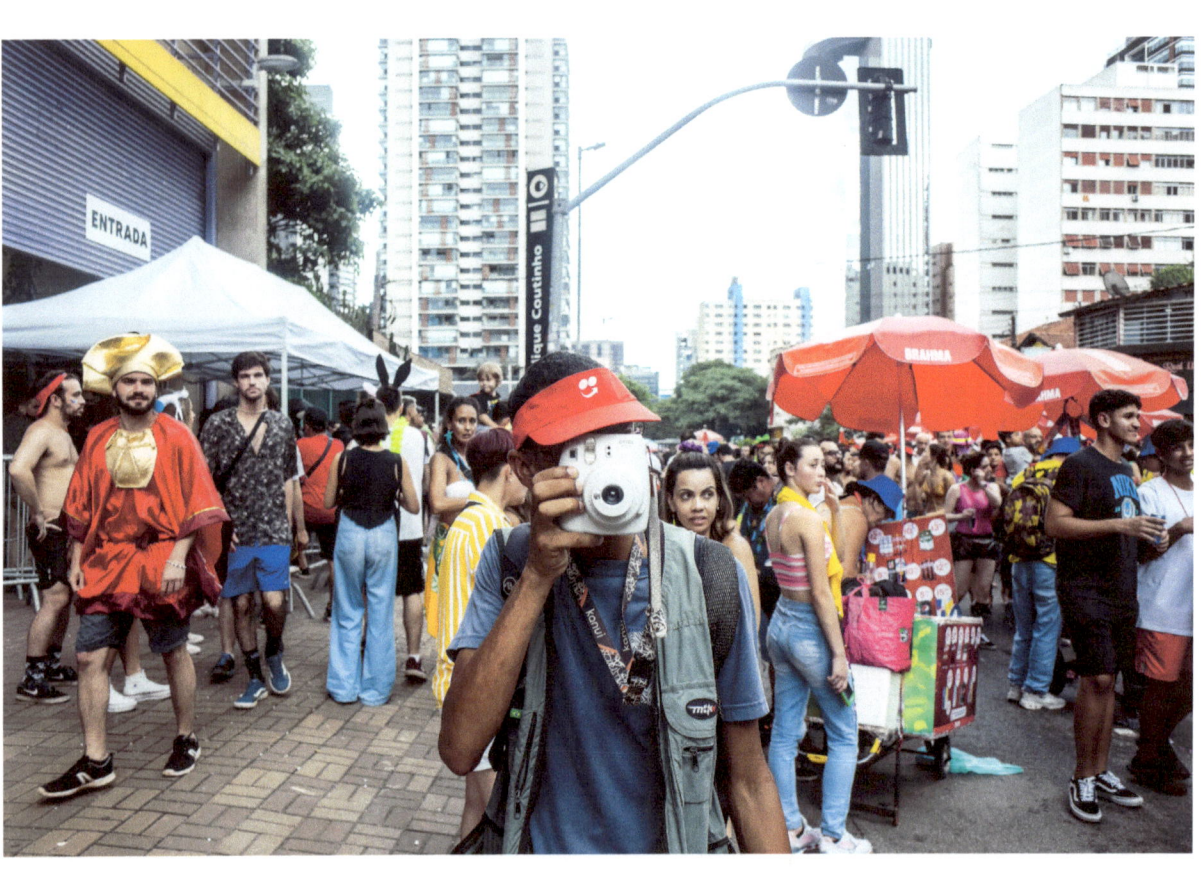

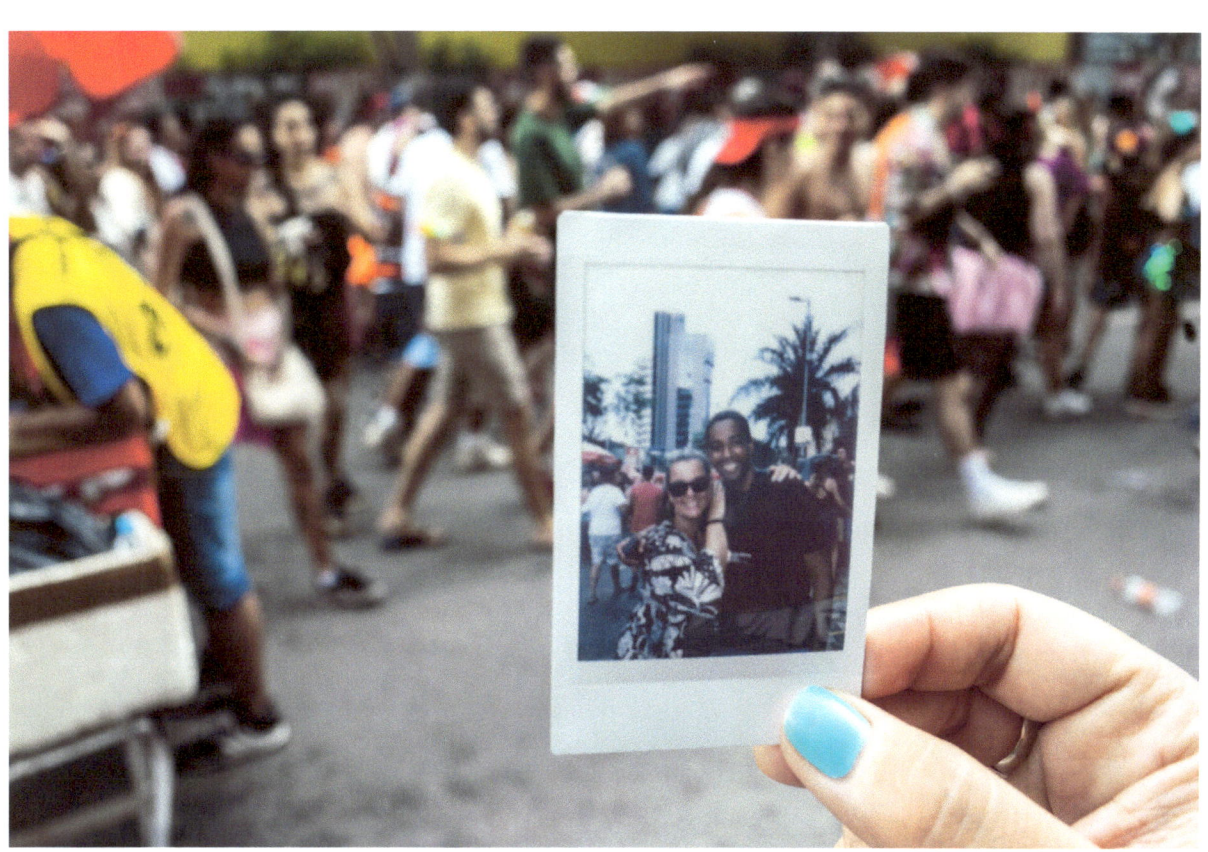

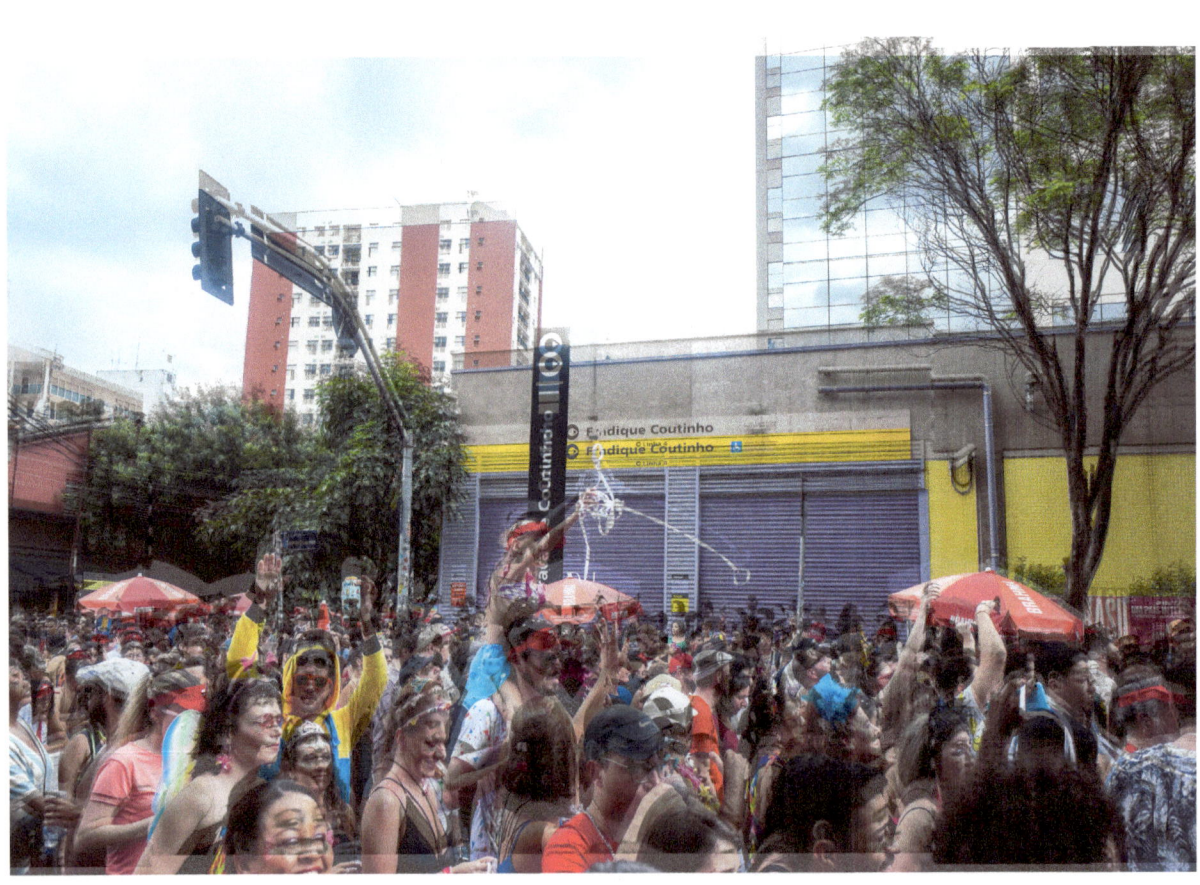

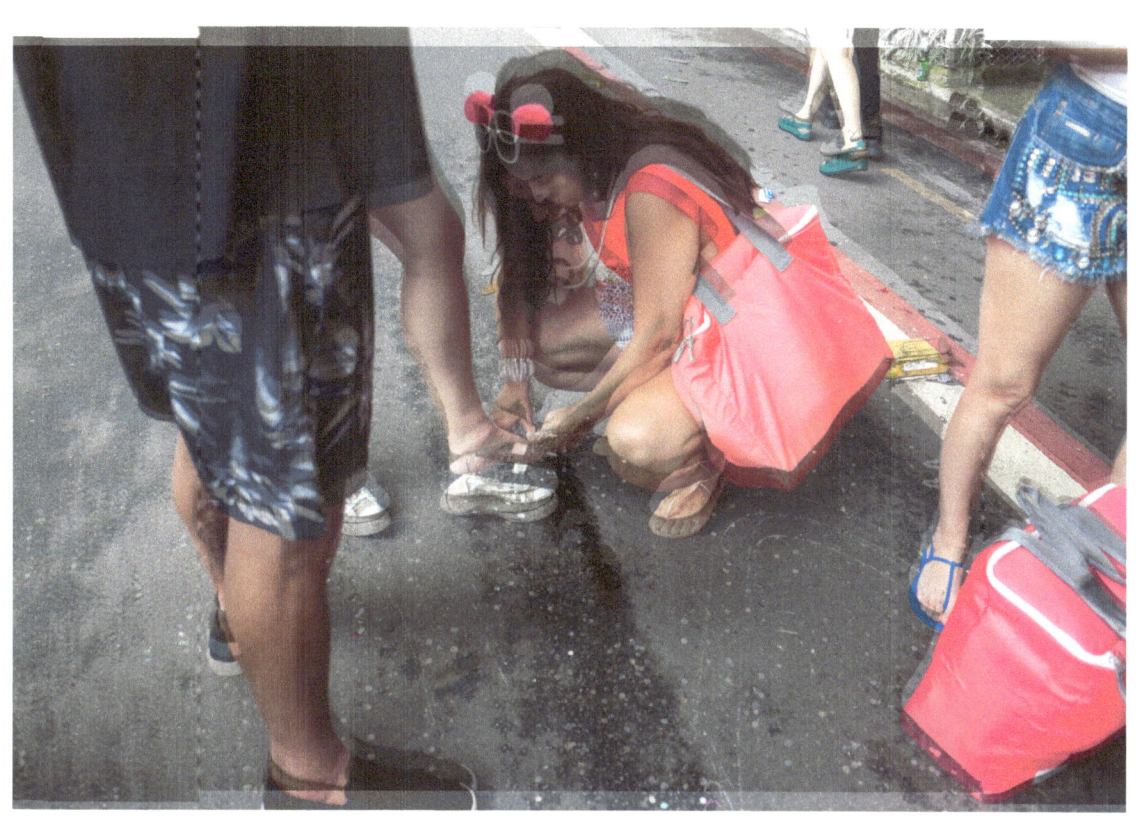
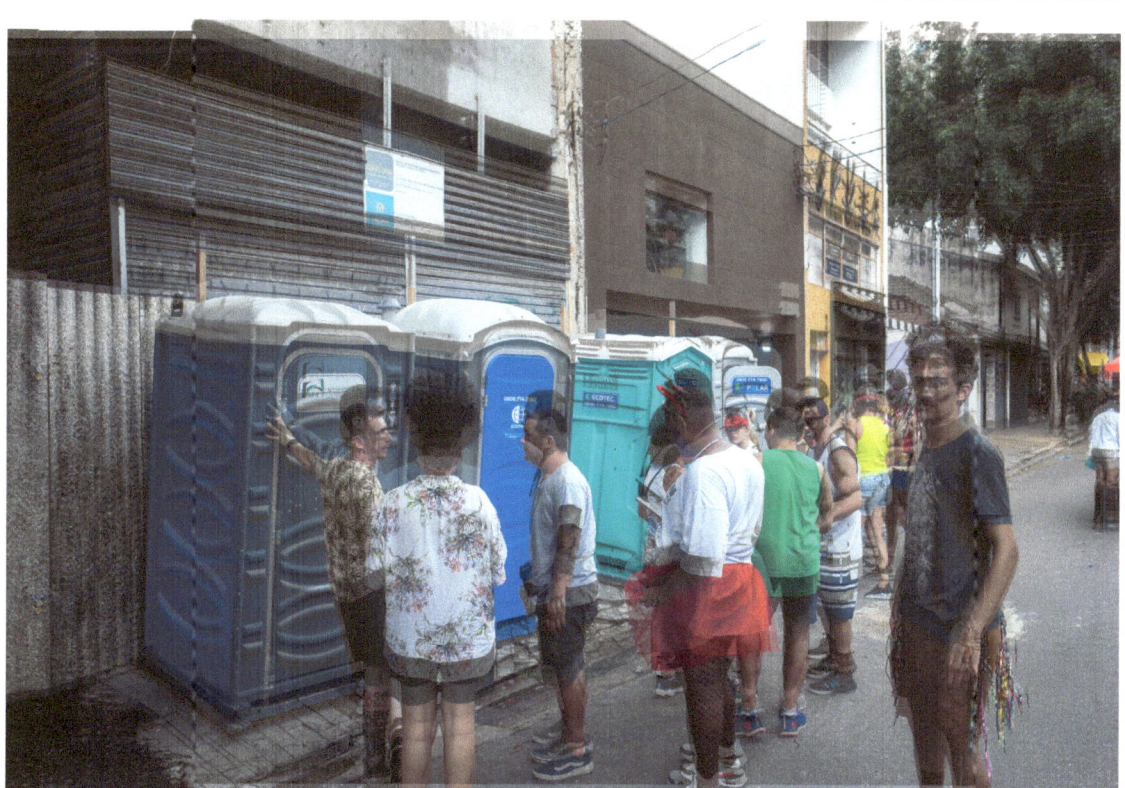

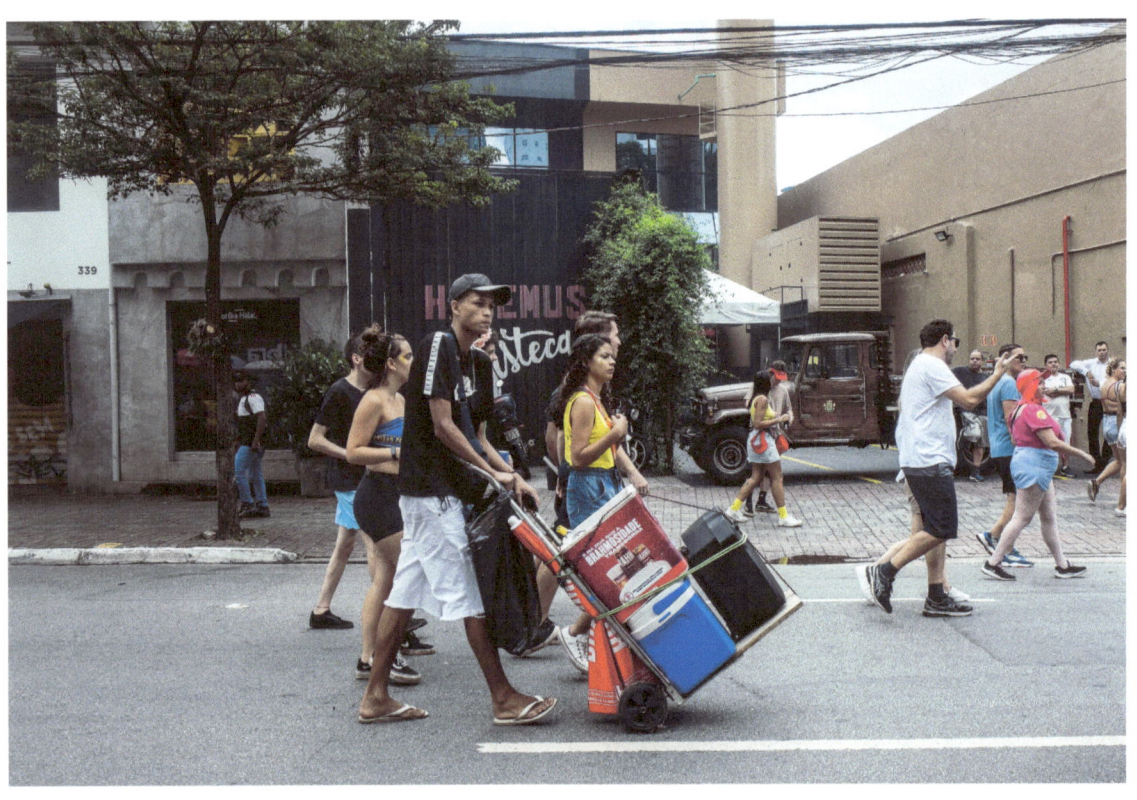
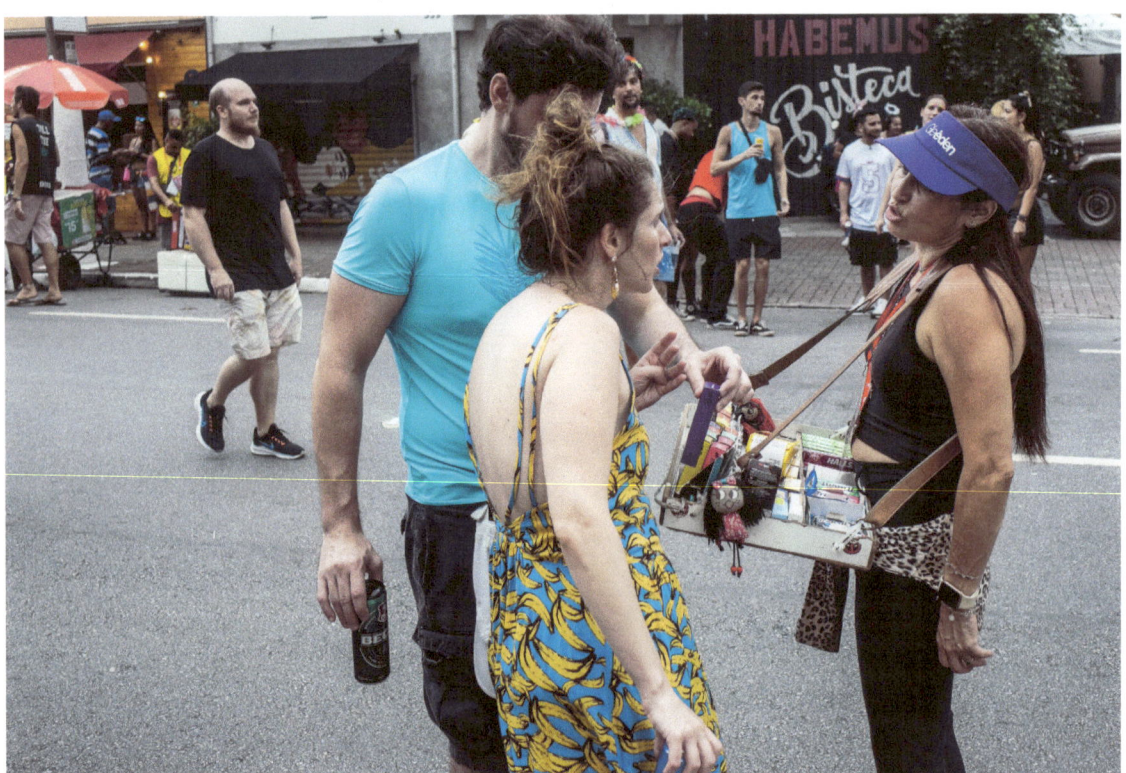

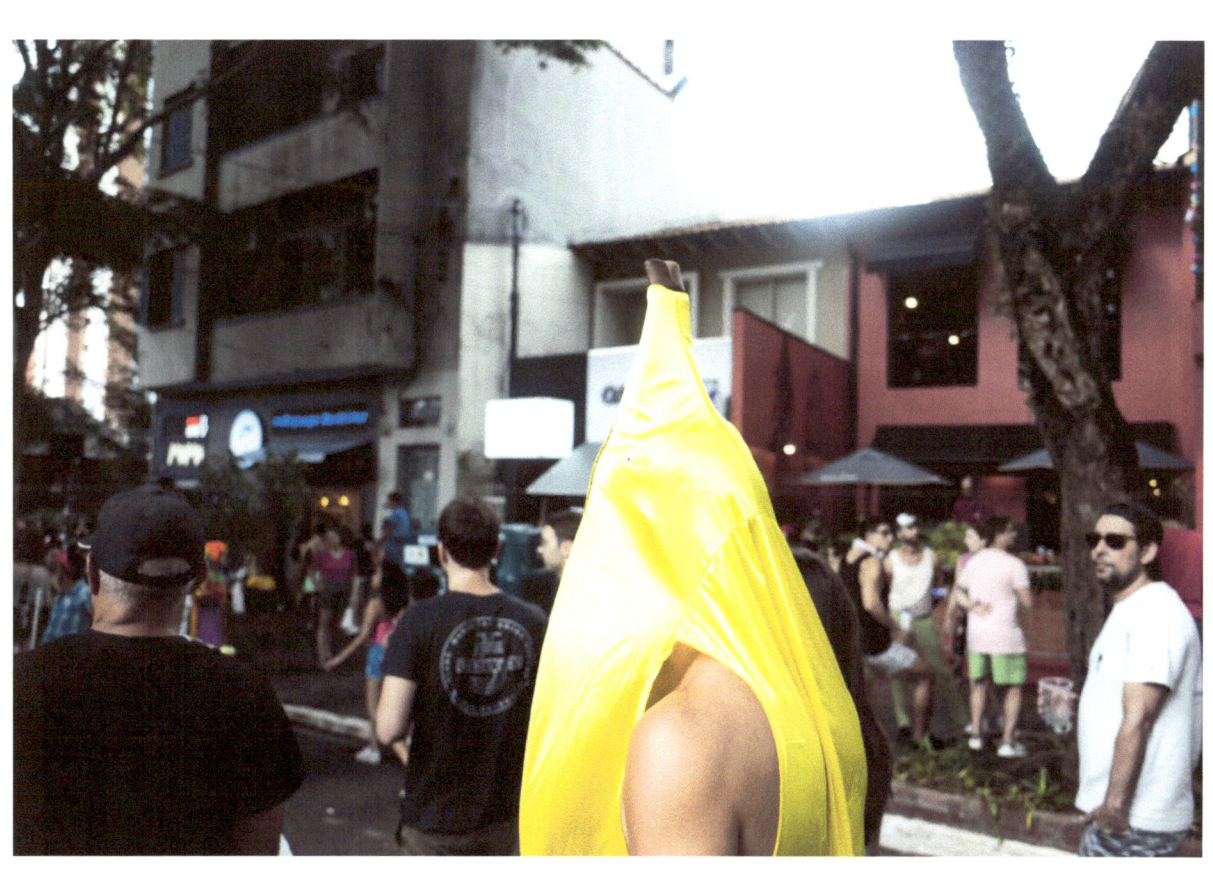

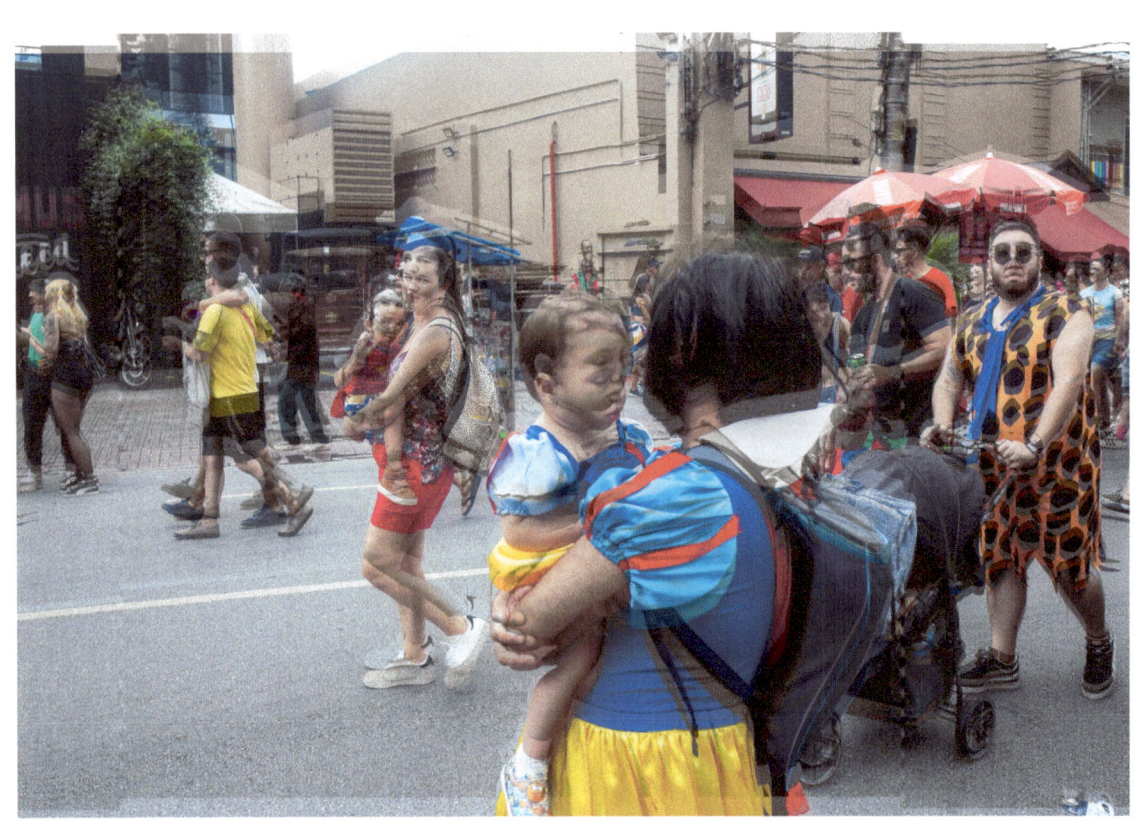

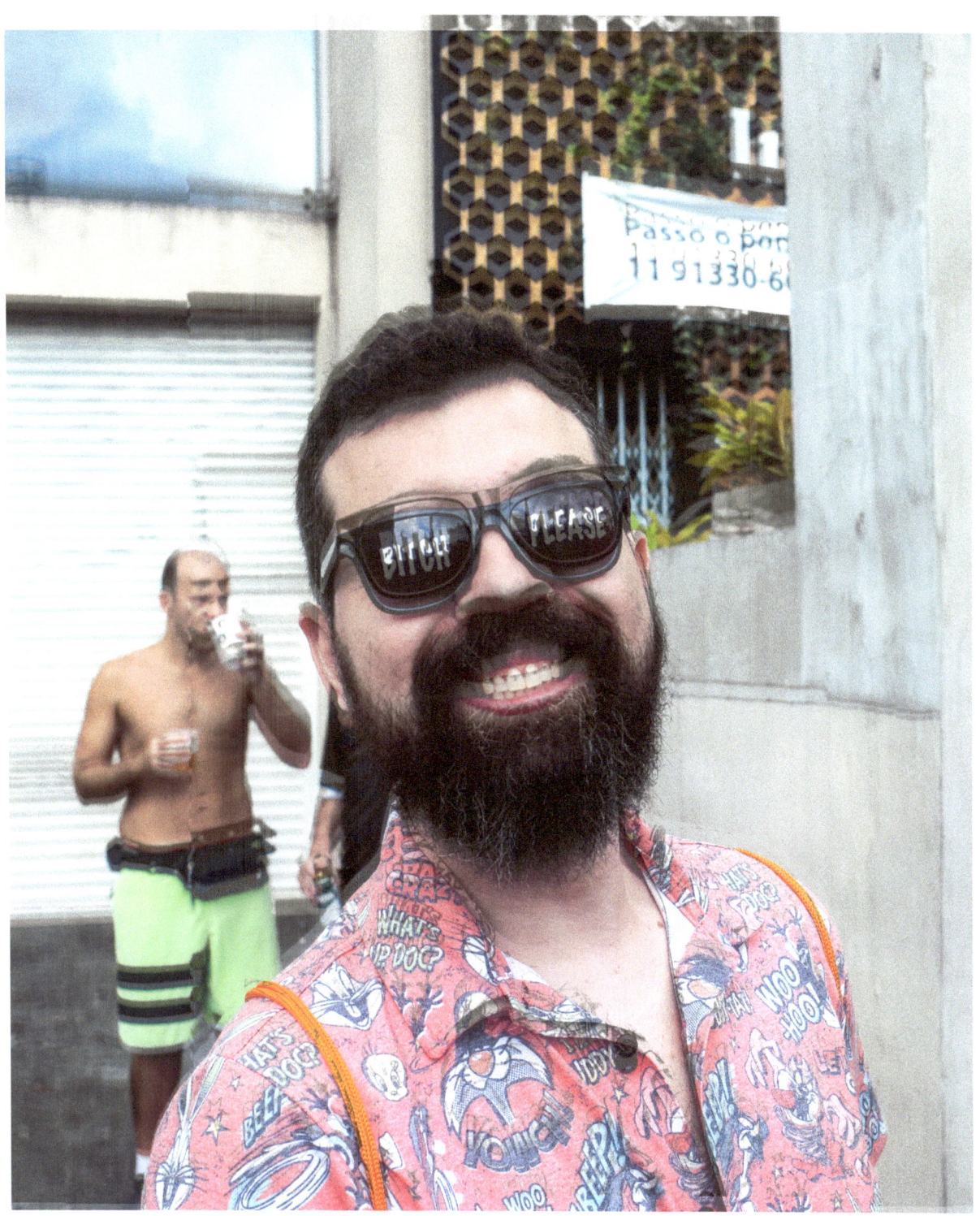

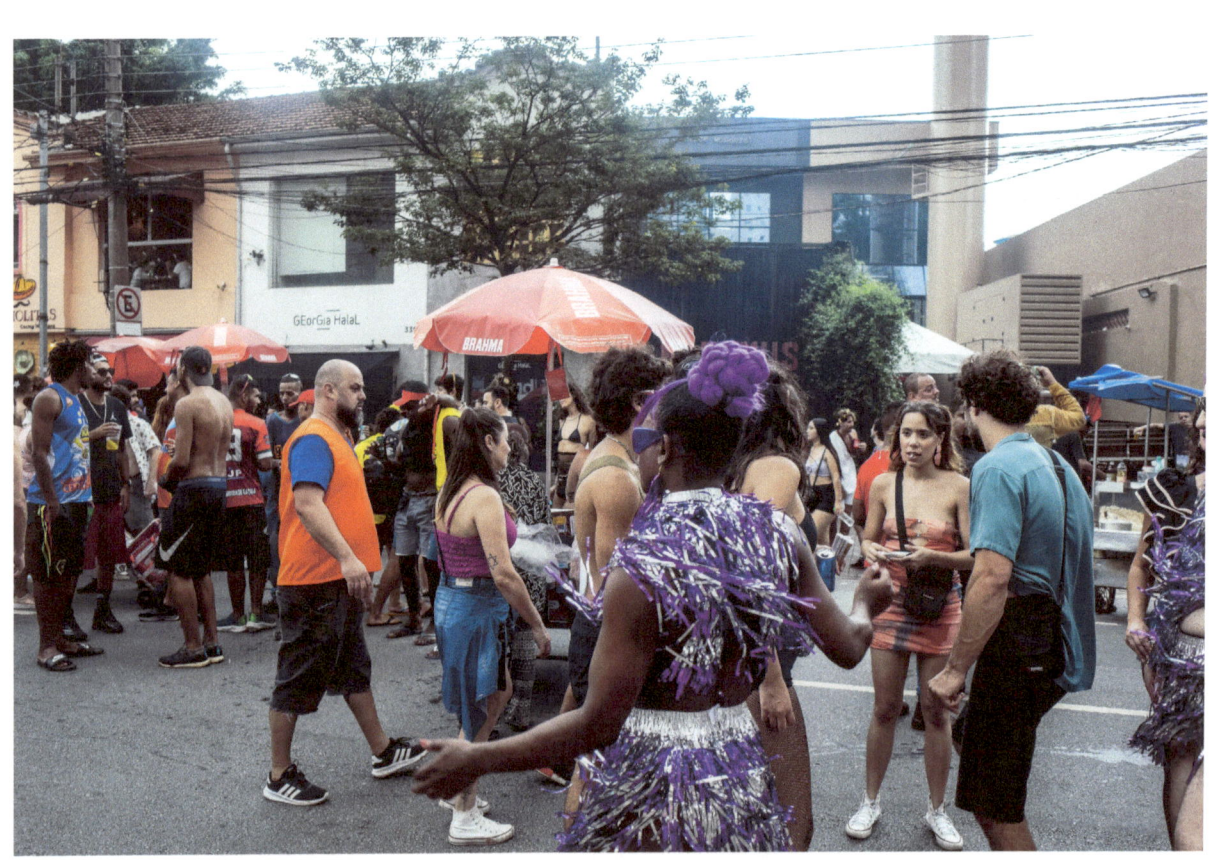

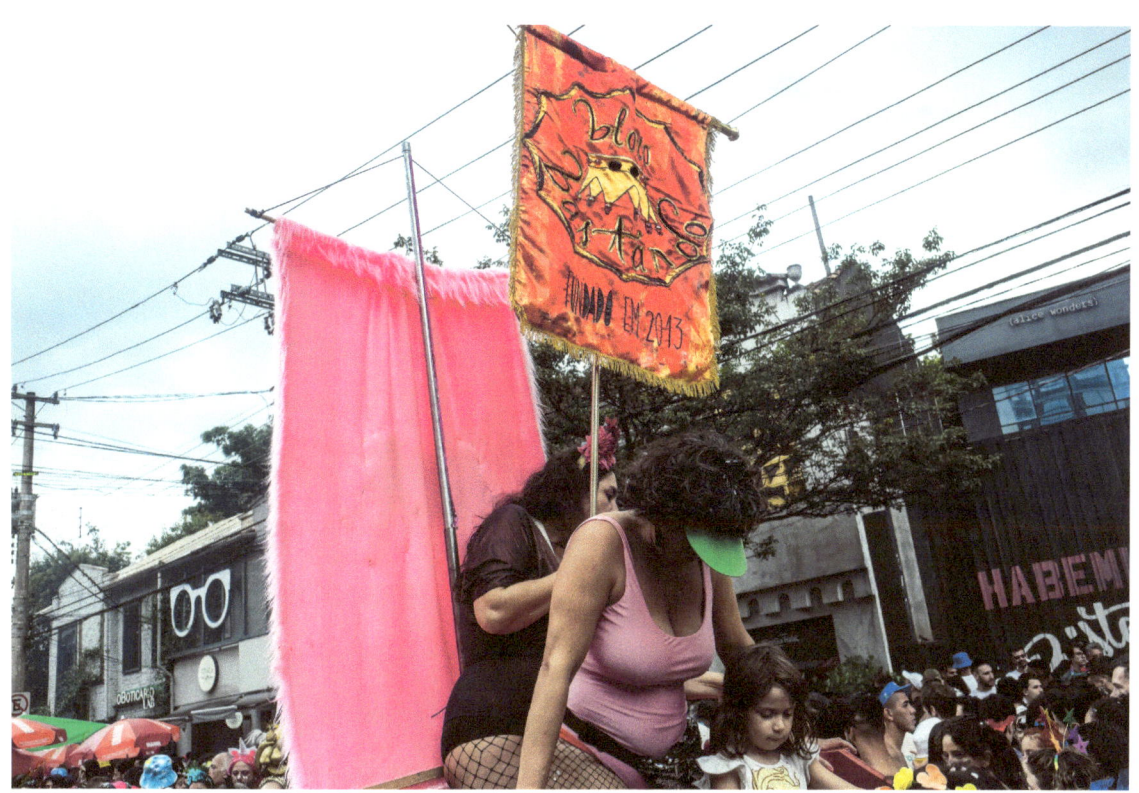
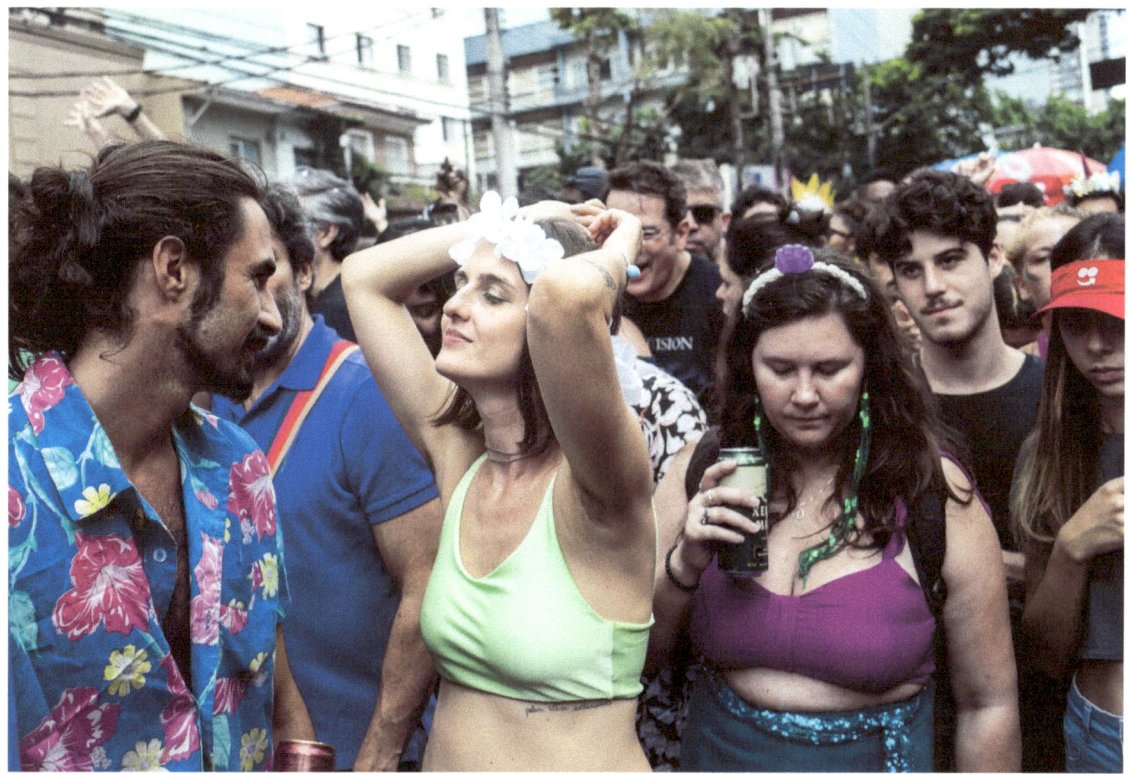

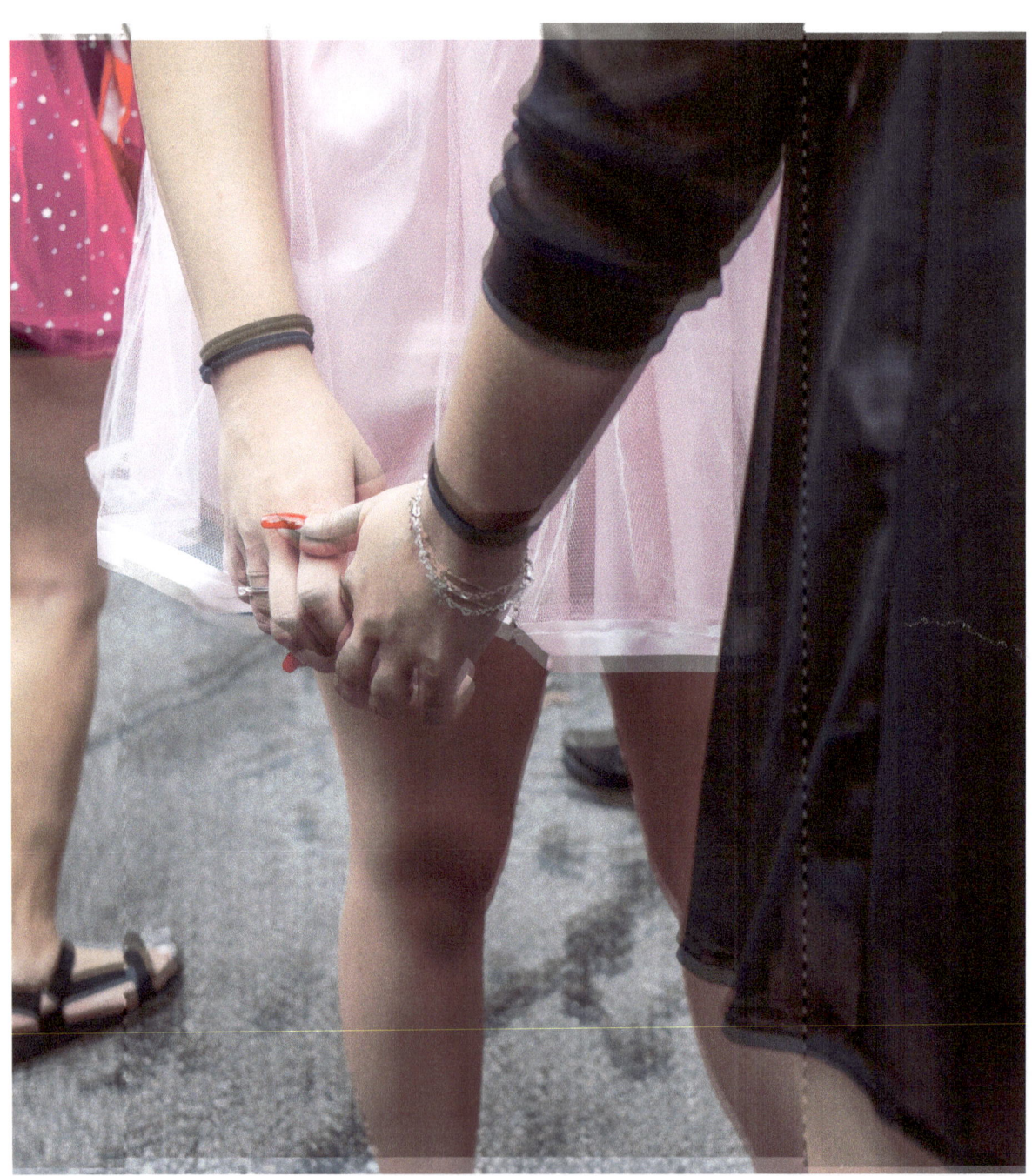

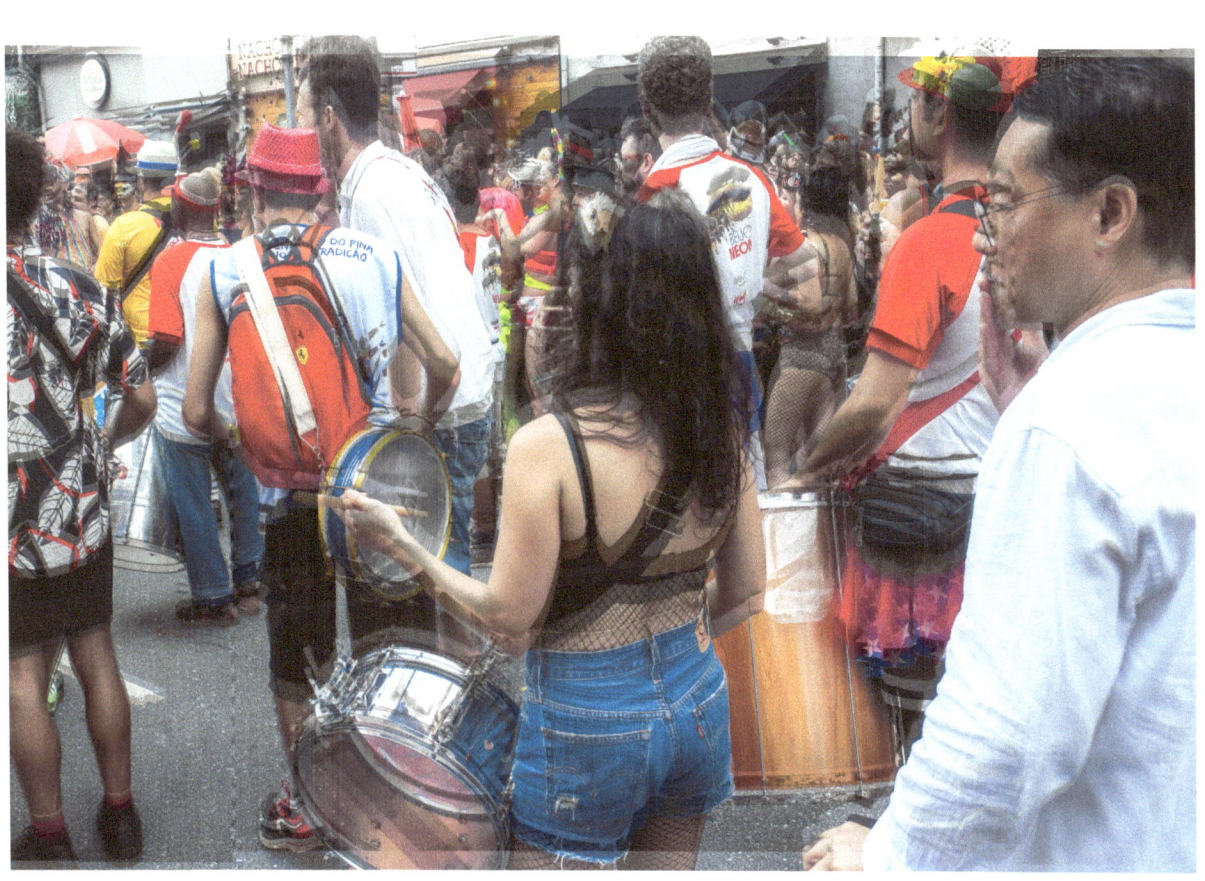

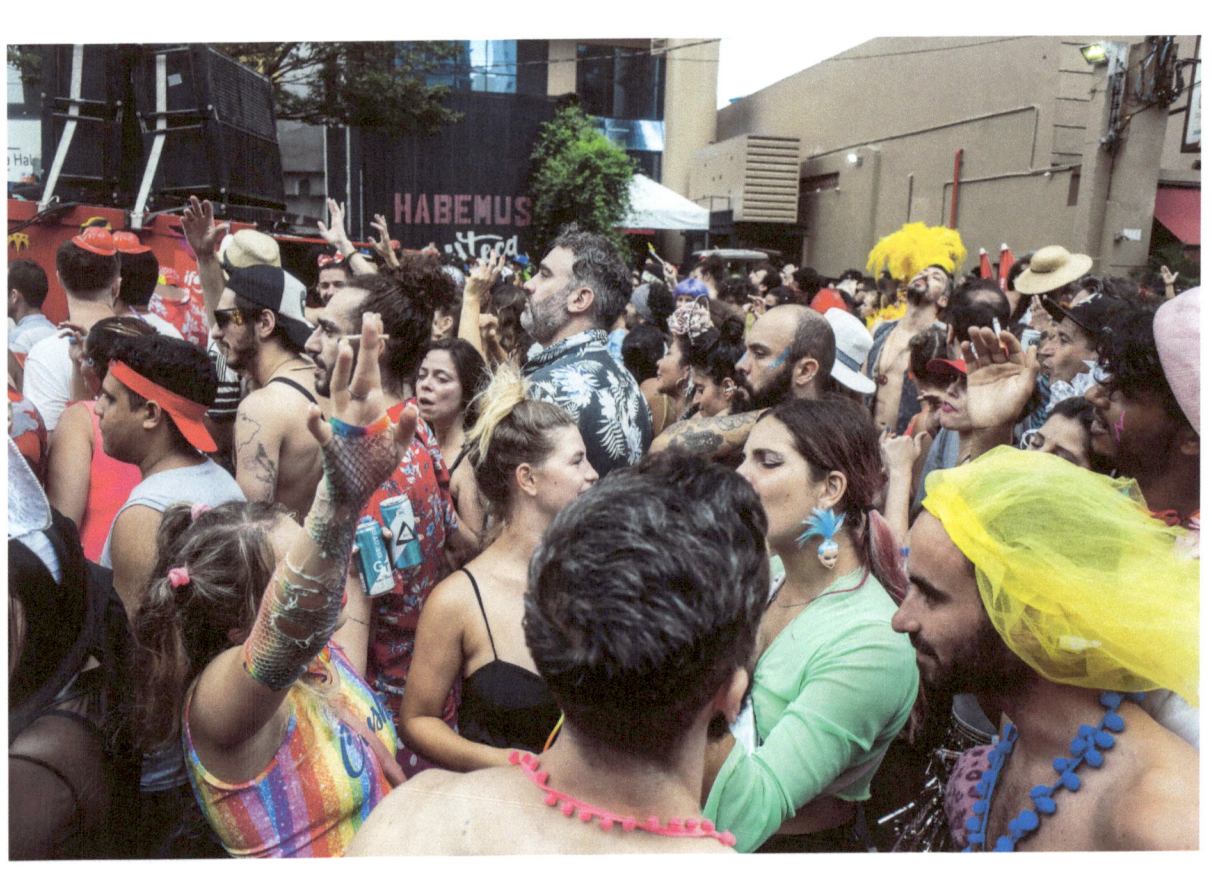

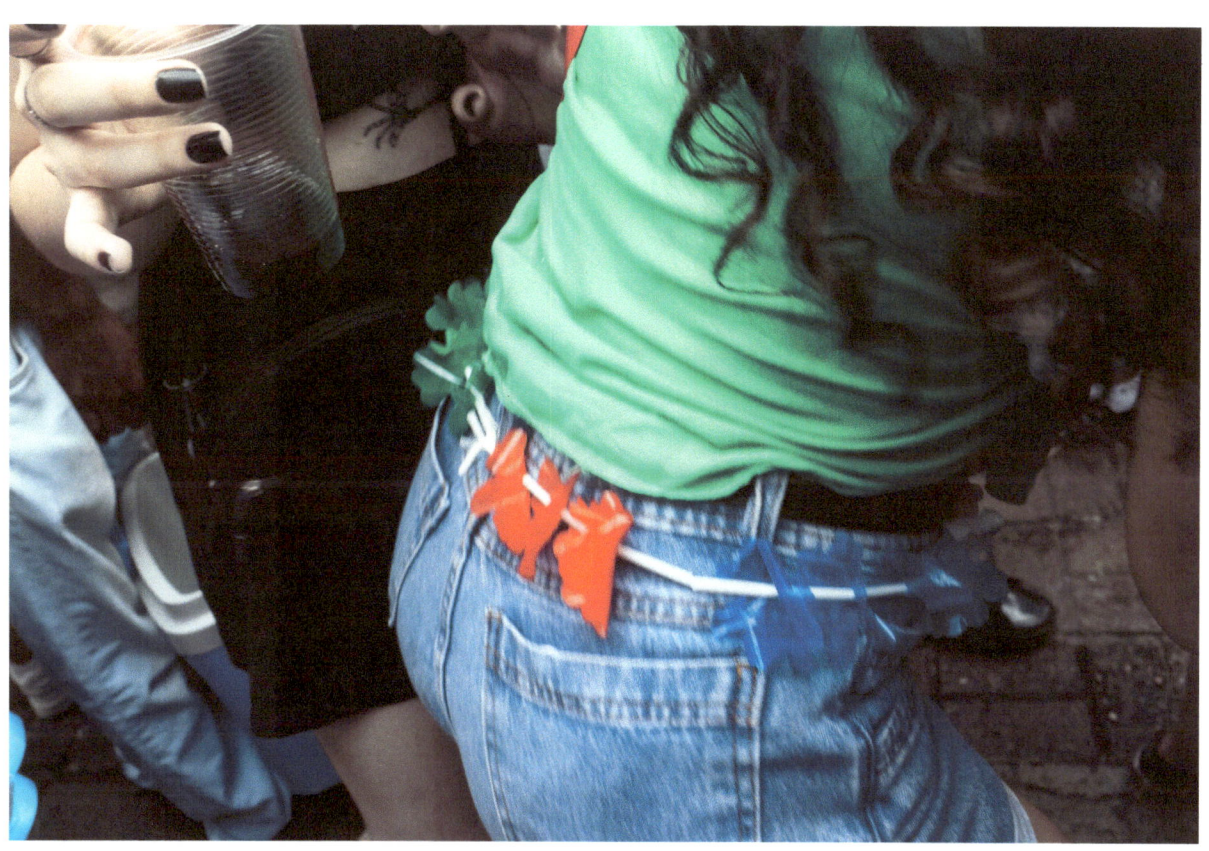

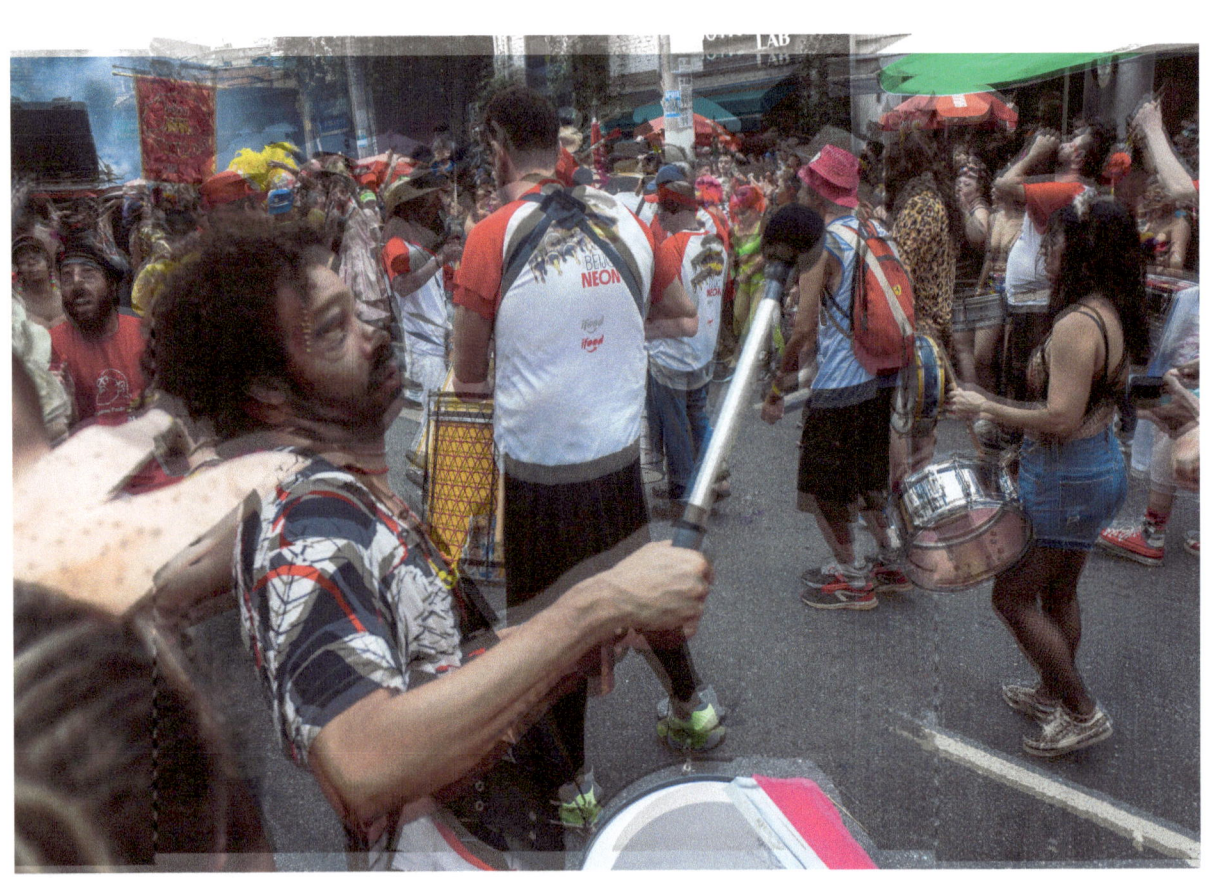

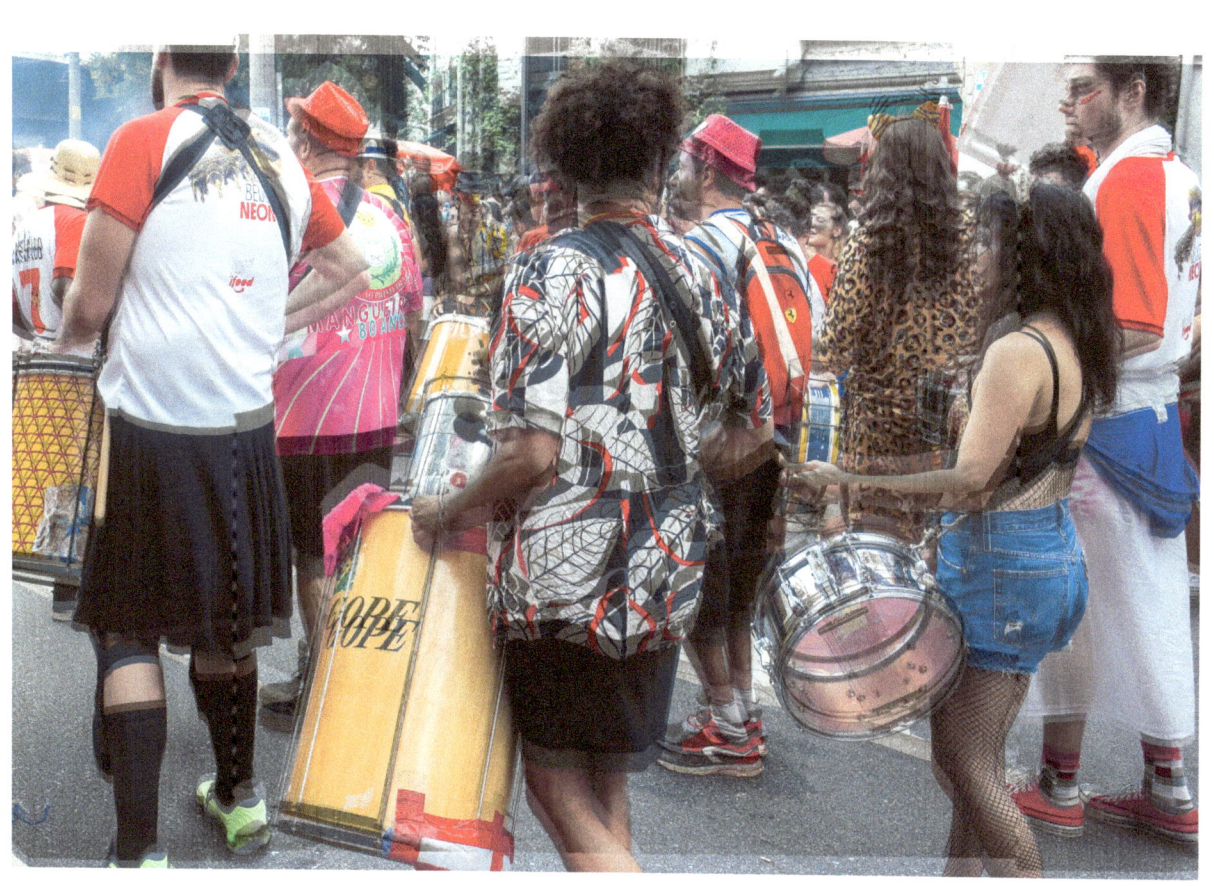

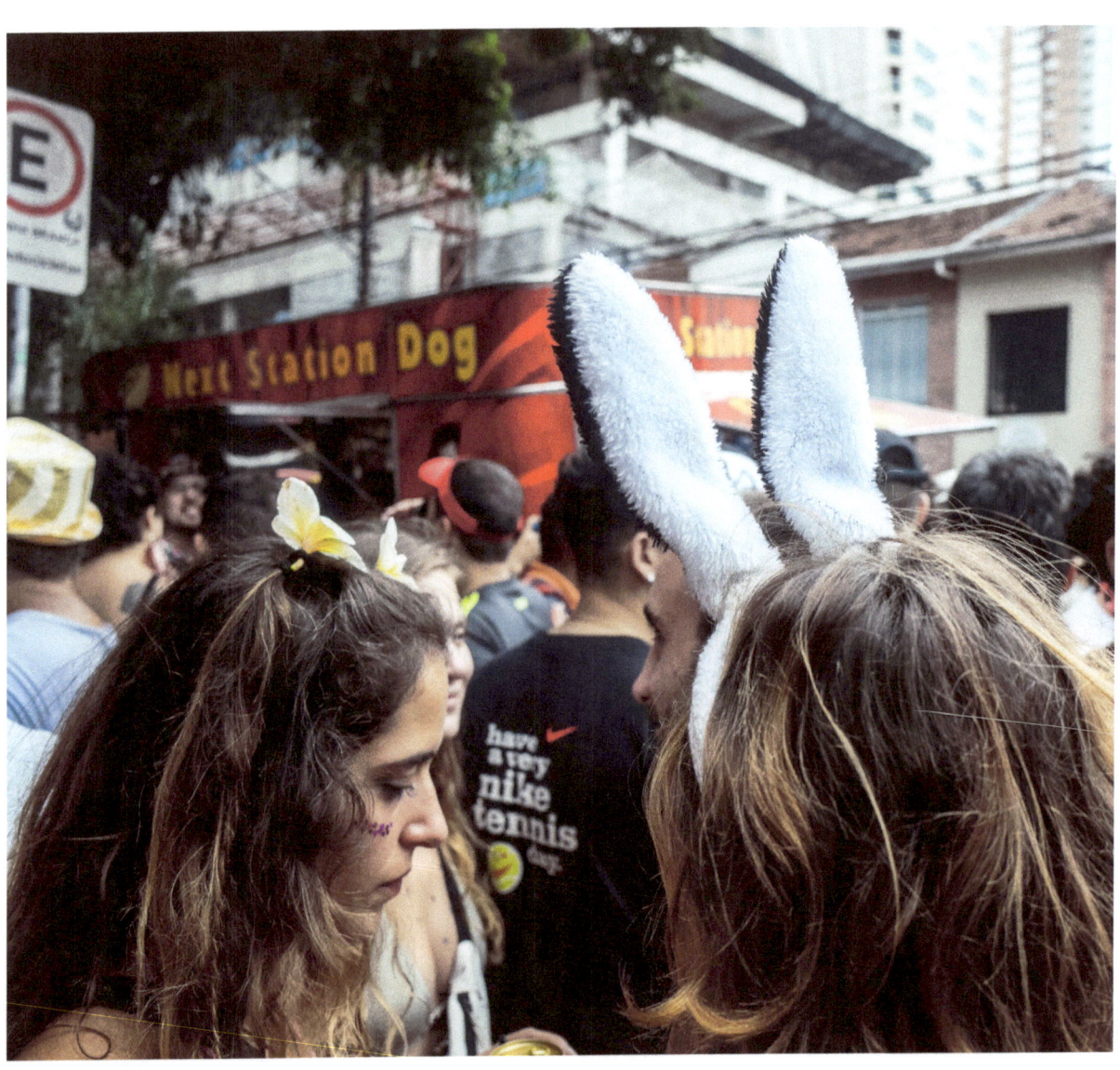

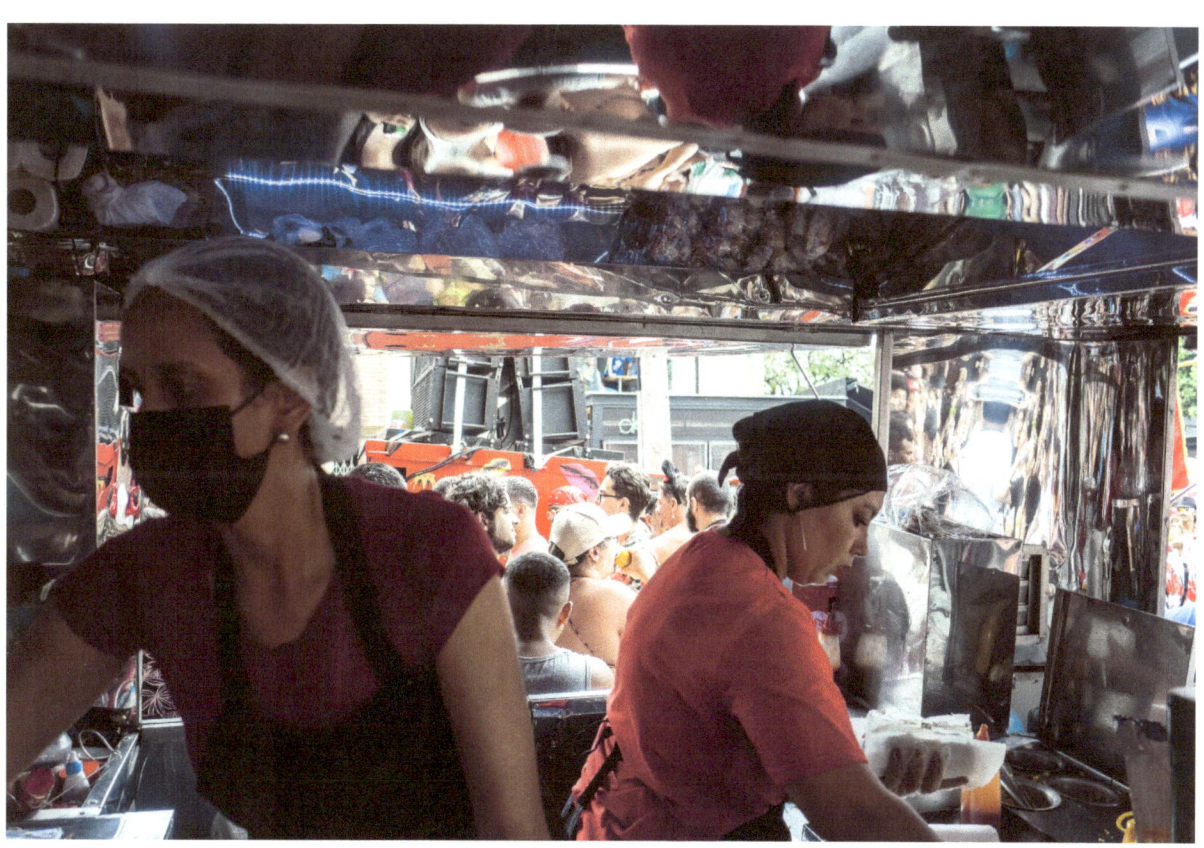

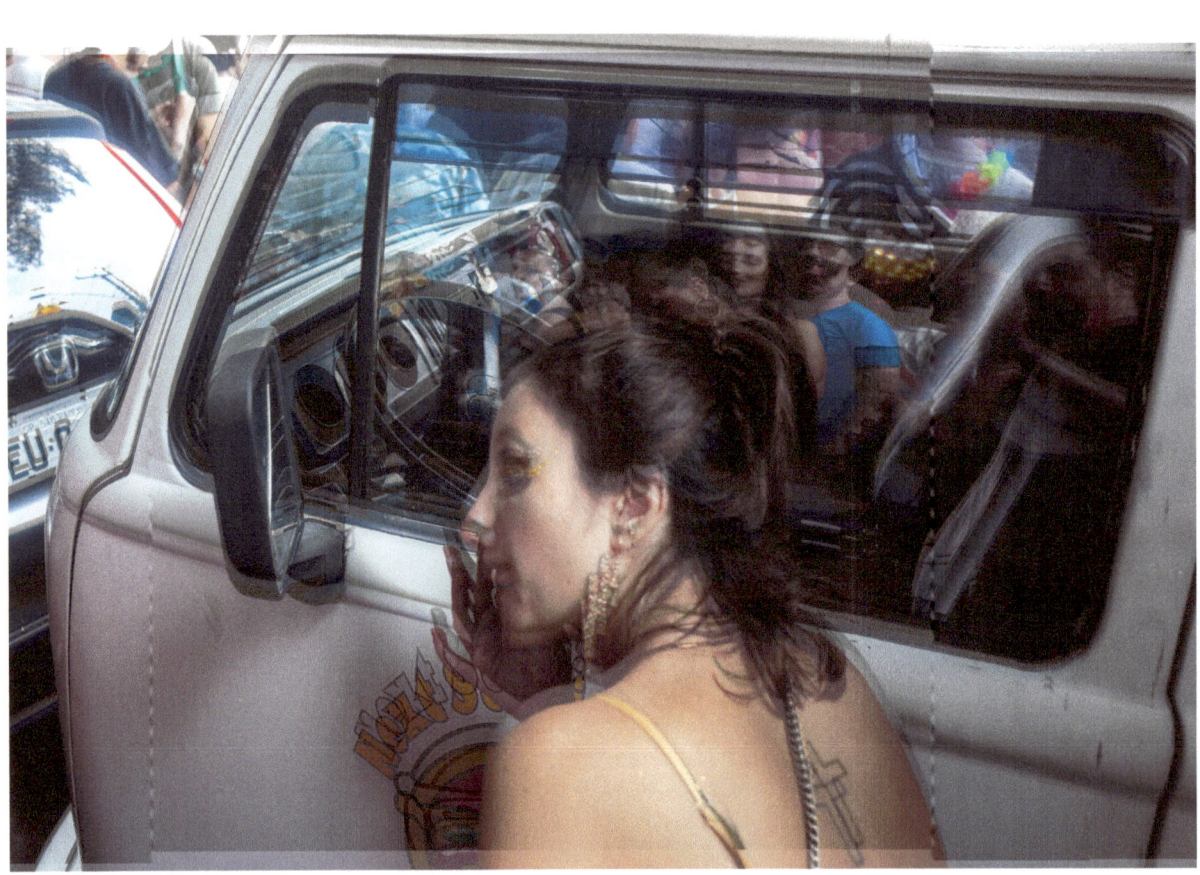

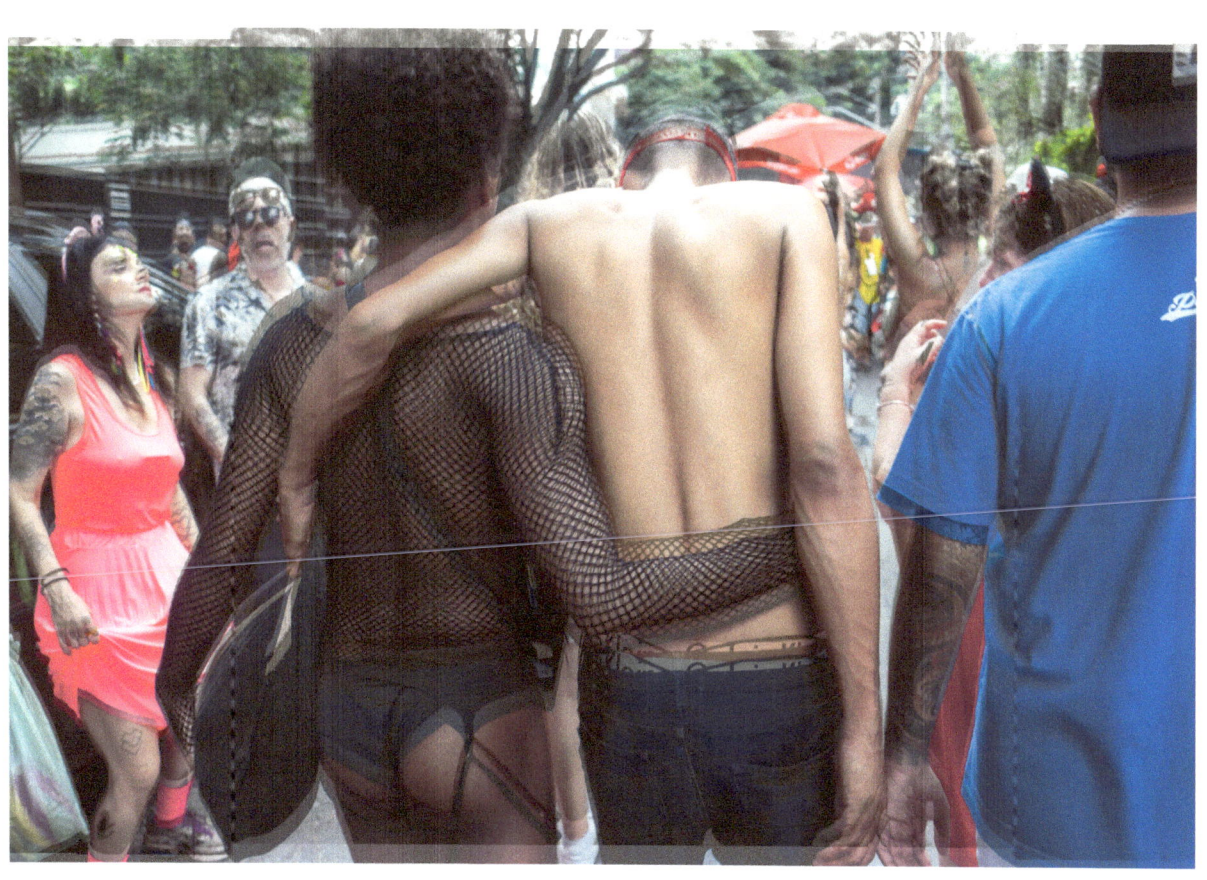

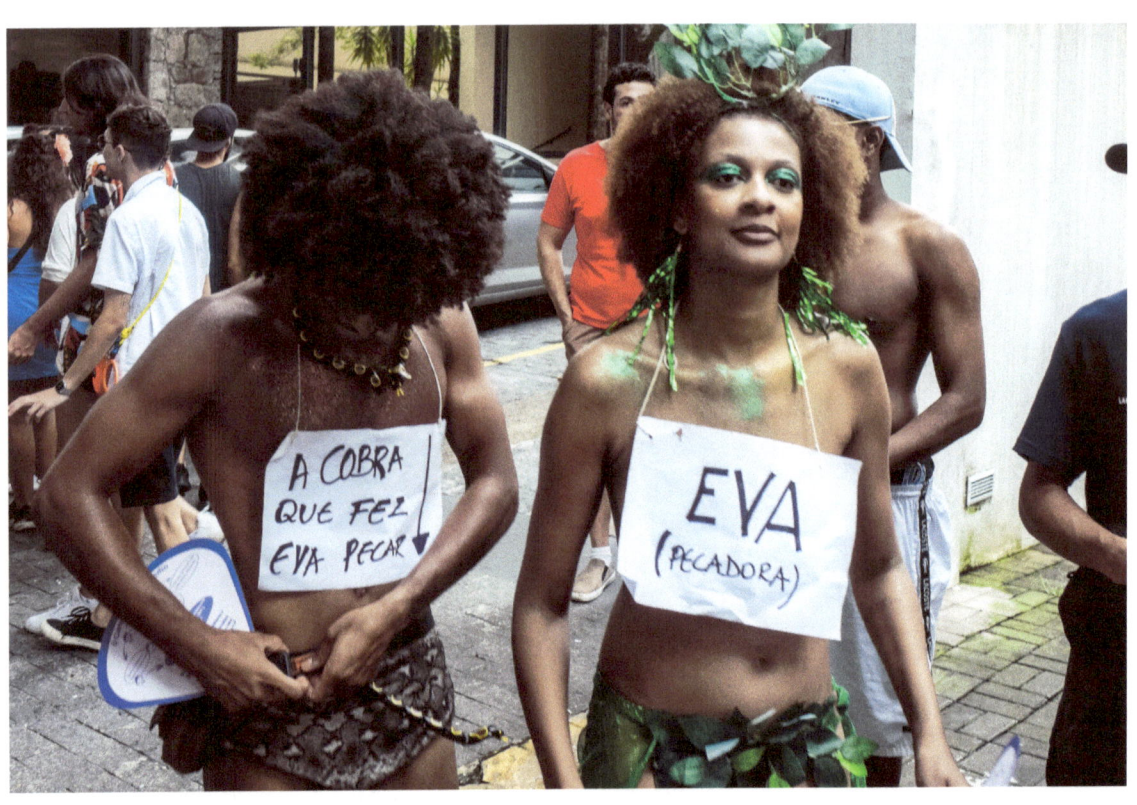
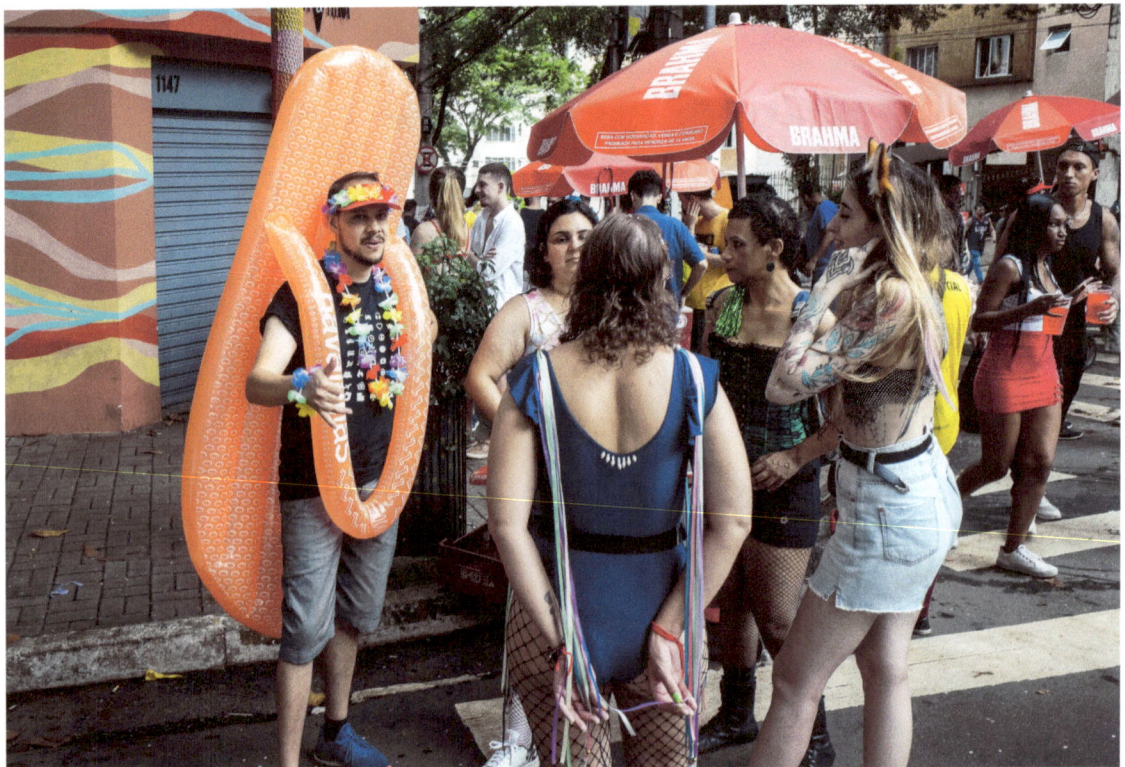

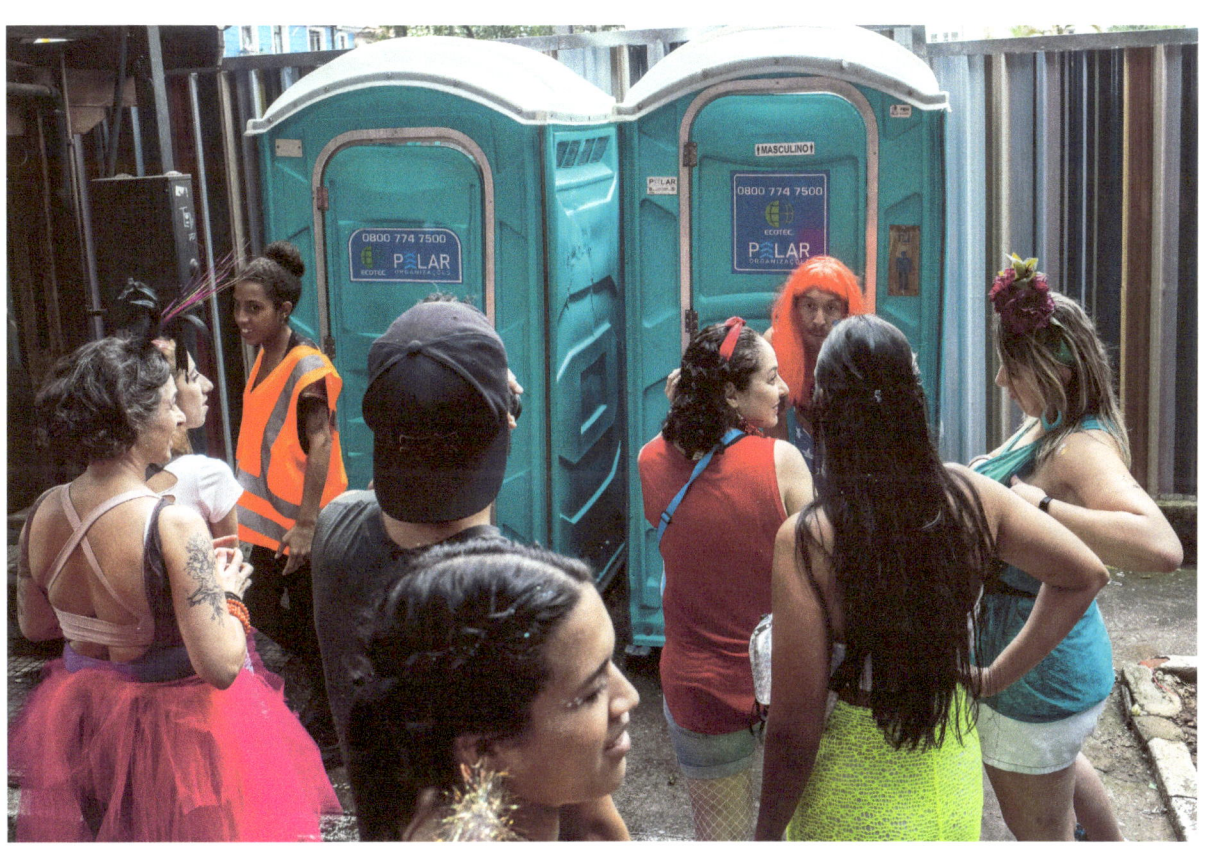

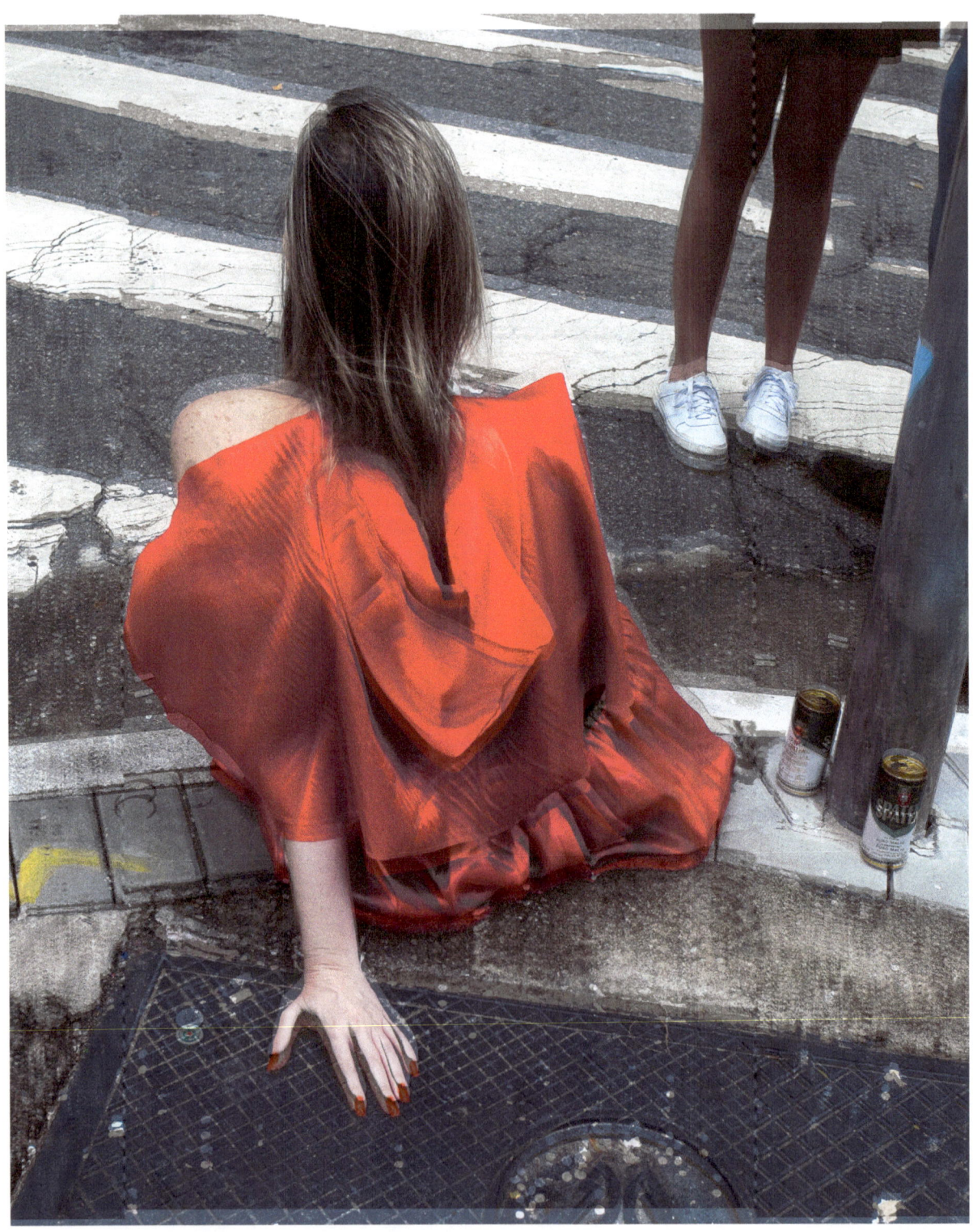